科学·民主·社会主义

——胡克自由观探要

哲学研究论丛

汪秀丽◎著

红旗出版社

红旗出版社
RED FLAG PRESS
推动进步的力量

图书在版编目（CIP）数据

科学·民主·社会主义：胡克自由观探要 / 汪秀丽
著．—北京：红旗出版社，2017.12
ISBN 978-7-5051-4404-0

Ⅰ.①科… Ⅱ.①汪… Ⅲ.①胡克（Hook，Sidney
1902-1989）—自由观—研究 Ⅳ.①B712.59

中国版本图书馆 CIP 数据核字（2017）第 295206 号

书　　名　科学·民主·社会主义：胡克自由观探要
著　　者　汪秀丽
责任编辑　刘险涛　周艳玲
装帧设计　人文在线
出版发行　红旗出版社
地　　址　北京市沙滩北街 2 号
邮政编码　100727
经　　销　全国新华书店
发 行 部　010-57270296
印　　刷　廊坊市海涛印刷有限公司
开　　本　170mm×240mm　　印　　张　15.25
字　　数　200 千字
版　　次　2018 年 4 月北京第 1 版　　印　　次　2018 年 4 月河北第 1 次印刷
书　　号　ISBN 978-7-5051-4404-0　　定　　价　52.00 元

谨以此书献给恩师俞吾金教授

“社会主义、民主和科学方法，三者不可分割，没有另外的两者，任何一方不能得以保全。”

——悉尼·胡克

目 录

绪　论

作为人的类本质，自由乃人类永恒课题。亚里士多德说“人本自由”[①]，黑格尔称“自由是心灵的最高定性”，马克思肯定“自由自觉的活动是人的类特征”[②]。千百年来，无数的思想家以精美的语言、革命家以惊人的壮举表达对自由的热爱和忠诚。裴多菲高歌“生命诚可贵，爱情价更高，若为自由故，两者皆可抛”，法国大革命的旗帜高书“自由、平等、博爱”，纽约港的“自由女神”高举不灭的自由火炬，马克思号召全世界人民为建立一个自由人联合体的共产主义而不懈奋斗。

但是，“熟知并非真知”，自由人皆爱之，自由观却大相径庭。正如《美国自由的故事》一书的作者方纳所言，“自由既是一种最为古老的老生常谈，又是一种最为当代的追求和渴望”[③]。从某种意义上看，人类历史既是人类永不停息地延伸自由和实现自由的实践史，也是人类孜孜不倦地探讨、分析、丰富、发展自由观念的理论史。两者交相辉映，彼此激荡：思想家从激动人心的自由实践中不断收获璀璨的灵感，实践家从思想家不断重铸的自由观中汲取不竭的动力资源。由于行动情境的不稳定性以及行动目标的多元性，人类历史往往表现为自由观的竞争史以及诸多的自由奋斗史，“每个时代都按照自己的口味来重新确定自由这个概念所包含的内容”[④]。

所以“自由从来就是一个充满冲突的战场，众多的定义在这里竞争和交锋，自由的定义因而不断得以创造和再创造”[⑤]。回顾自由的观念史，我们发现，众多相互冲突甚至相互对立的自由观竞相开放：在古希腊人眼中，“自由”的本义是“不受奴役”，而西塞罗宣称“我们是法的奴隶，正是为了我们可以自由”[⑥]；人们常常认为自由是行善的基础，但罗曼·罗兰惊呼“自由自由，多少罪恶假汝以行”，别尔嘉耶夫感叹“恶的秘密就是自由的秘密”[⑦]；自由也常常被视为保护弱者权利的战斗口号，但西奥多·阿多诺却看到：“人们如此地操纵和玩弄自由概念，到最后自由变成了一种强者和富者掠夺弱者和穷人手中剩下的一切的权利”；恩格斯认为“最初的人是从动物界分离出来的人，在一切本质方面是和动物一样不自由的，但是文化上的每一个进步，都是迈向自由的一步”；尽管科学技术和文化被看作是丰富和拓展人类自由的手段，而卢梭认为科学技术和文化的进步，恰恰是人类日益丧失自由的根源，因此唯有弃绝文化和科技，人类才得自由；霍布斯认为自然状态是人人不自由的状态，而洛克坚信自然状态中的人皆自由而平等。凡此种种，不一而足。

自由观往往有其实践上的产儿，自由观之间的冲突也常常演化为实践上的对立、斗争甚至战争。如高矗于卢梭自由观之后的，有波澜壮阔的法国大革命；踏着霍布斯自由观登台的，有英国君主专制制度；踩着洛克自由观起舞的，有美国三权分立的民主共和国。伯林发现以苏、美为首的冷战实则是消极自由和积极自由两种不同的自由观之间的斗争实践形式，贡斯当指出将古代人的自由观和现代人的自由观相混淆，是法国大革命期间诸多罪恶的肇因，阿克顿在《自由史》中兴叹：“在自由进程所遭遇的各种障碍中，最持久或者最难以克服的，莫过于围绕着真正的自由之本性所发生的困惑与纷乱。”[⑧]林肯也把美国南北战争比喻为“狼的自由”和“羊的自由”的两种自由观的冲突。

因此，自由不仅是一个理论上常新的永恒问题，而且是一个与实践休戚相关的问题。无论从理论还是实践的角度讲，自由极具研究价值。所以孟德斯鸠承认“没有一个词比自由有更多的涵义，并在人们意识中留下更多不同的印象了”⑨。詹姆斯认为“我不知道还有哪一个问题比这个自由的问题更值得研究”⑩，谢林把自由称为“伟大的和最神秘的哲学问题”，方纳则干脆宣布自由是一个“在根本意义上具有争议性的概念”。

一、研究胡克自由观的意义

本书之所以研究胡克自由观，是因为胡克的自由观较之于其他自由观，具有以下几个特点：

首先，从定义自由观的立意上看，它具有以下特征：第一，针对自由观的混乱局面和自由实践的不良后果，他试图提出一种新颖的自由观，它既能包容和鼓励诸多自由观念和自由实践的相互竞争，又能够避免由此造成的理论上的相互攻击和实践上的相互对抗的自由观念，这种自由观念从诸多自由观中获得营养，却不为之所支配和控制，而是为自由观念的竞争提供平台。第二，针对自由观中所出现的将哲学上的自由观念和政治（社会）意义上的自由观念分裂开来分别加以探究的现象，他试图接续这两个领域之间的断裂，将一种统一的自由观贯穿到一切领域中去。第三，针对哲学家们仅仅从理论的角度定义自由观念的做法，他试图将实践作为一个构成因素纳入到自由的定义中去，提出一种可以观察、可以操作、可以检验的自由观念。总之，与以往的平面化和抽象化的自由观不同，他试图提出一种立体化和具体化的自由观，其立意之高，值得探究。

其次，从定义自由观的方法上看，它具有以下特征：第一，胡克并不限于将自由观置之于在思维的殿堂中供养，而是付诸实践，因此他的自由观是和他几乎贯穿整个20世纪的复杂的人生经历和社会实践相互交织，从中不断获得营养、得到修正和不断完善。第二，胡克的自由观是一种富有野心的尝试，他不仅试图将以杜威为代表的美国新自由主义与以杰斐逊为代表的美国古典自由主义综合起来，而且试图系统地将杜威的实用主义自由观和马克思的自由观有效地综合起来，不仅试图架通相互争吵的新旧自由主义，而且企图把俨然水火不容的自由主义与社会主义组织到一个统一的立场上，通过吸纳以自然权利和社会契约为基础的自由主义、以“最大多数人的最大幸福”为目标的功利主义和以“每个人的自由而全面的发展是一切人自由而全面发展的条件”的有效成分，在重新解释自由主义和社会主义的意蕴的基础上，锻造出一种融民主、社会主义和科学为一体的自由观。这种富有野心的尝试，几乎前无古人，无论成败如何，其理论价值都不可忽视。

最后，从其自由观的内容上看，尽管胡克被认为“一生致力于自由”，但是他几乎不曾有任何专论自由的学术著作（《自由的悖论》与其说是一本政治哲学的专著，不如说是三篇政论文集），但是胡克的自由观并非臆断、碎片式，而是有其系统的。他不仅提出清晰的自由概念，而且在不同的时期、不同的情境下阐述了该自由概念的本体论、认识论、方法论、逻辑学以及社会哲学，换言之，他不仅试图回答“何谓自由”的问题，而且试图回答了“自由何在”和“如何自由”的问题。但是由于他从不把学术研究当作是一种可以脱离活生生的生活实践、脱离个人日益丰富的经验以及对观念的反复实验的一种活动，而把每一个理论上的收获看作是一个假设，是进一步行动和认识的垫脚石。当下一个行动过后，原来的观点或被保存、完善或被修改、被抛弃，因此，从静态的、鉴赏性的、孤立的角度看，胡克的自由观常常给人碎片化、甚至相互矛盾的感觉，这也为我们研究他的自由观带来很大的困难，产生很多的误解，但是如果我们把他的每一个文字都放入该文字生成的情境中，根据其所产生的效果来理解，则可见其逻辑脉络清晰。总之，他的自由观的系统性不是以鸿篇巨著的方式，而往往以碎片的方式表现，但是其内在的逻辑性和系统性并不因此失色。

此外，胡克的自由观具有很强的综合性，人们无法将他的自由观完全归类到任何一个现成的类型中。尽管像古典的自由主义者一样，他强调自由对于人类的突出地位，但是他拒绝自然权利学说，拒绝把自由看作是最高的、神圣不可侵犯的价值和目的；尽管他强调了言论、出版、集会、结社等自由权利的战略性地位，但是他坚决反对把它们看作是绝对的、不可剥夺的人权；尽管像功利主义者一样，他强调应该把自由行动的后果作为理解和评价自由的意义的一个构成性要素，但是他反复强调不同价值之间不可还原，没有任何终极价值，幸福也不是最重要的价值，与其说他把“最大多数人的最大幸福”作为自由的目标，不如说他把“最少数人最少的不幸”作为决策的准绳，他认为价值总是多元并存的、相互冲突的，在任何具体的情境中，我们总要牺牲一些价值的，尽管诸价值之间不能还原，因此不能根据固定的等级系列来确定牺牲的等次，但是我们还是可以根据对具体情境的分析和实验，在诸价值之间进行具体的衡量，以确保更小的恶，而不是更大的善。尽管与一些社会主义者一样，他坚信自由必须建立在平等的基础上，但是同时他又坚定不移地相信平等也必须建立在自由的基础上，而且自由与平等的有机结合，只有在一个民主的社会主义社会才能实现。从根本上讲，胡克的自由观与别的自由观最为显著的不同，在于他对方法而不是原则的强调。因此，就理论视角的独特性、理论结构的系统性、理论内容的综合性而言，研究胡克的自由观对于丰富我们对自由观的认识和理解富有启迪意义。

必须指出，在当代研究胡克的自由观还有着我们时代所独有的理论价值和实践价值。

首先，自由观之间的斗争在我们的时代已经结出残酷的后果。当尼采宣布“上帝死了”，人类几千年苦心经营的集“真、善、美”为一体的世界图景轰然倒地。在一个满地碎片的世界上，人们惶惶不可终日。20世纪的战争在某种意义上可以被看作是在对世界天然自由、和谐的幻想破灭以后，人们为重建世界的自由与和谐秩序所提出的不同方案所采取的不同实验，以及这些实验之间所发生的碰撞。但是，与以往的战争不同，20世纪所爆发的两次世界大战以及其后蔓延全球的冷战乃至911事件之后的反恐战争，别有特点：交战的双（多）方都宣称为自由而战，并将先进科技的硬实力和人为建构的两套话语体系（独裁－民主；社会主义－资本主义）的软实力融合，开展大规模的自由攻防战的系统性斗争。换言之，如何理解民主、自由、科学、社会主义之间的关系，成为能否正确解码现代社会的关键，能否融合这四者之间的对立，成为能否消解现代世界对抗的理论要求。胡克的探索，为我们走出现代困境不无启发意义。

实际上，尽管胡克一直拒绝被称为新保守主义者，直到死都坚称自己是一个马克思主义者和社会主义者，但是这却不能阻止他的思想被美国新保守主义奉为经典。丹尼尔·贝尔把《意识形态的终结》献给胡克：“我在很大程度上……归功于锡德尼·胡克……一代宗师之一”[11]，被誉为“新保守主义教父”的欧文·克里斯托尔则是胡克的朋友和崇拜者，在纪念胡克80诞辰的纪念文集中，他直言不讳地承认胡克曾经对他产生决定性的思想影响，并肯定：胡克不仅是他们一代人的伟大的导师，也是80年代青年的伟大导师[12]。奥地利派经济学家罗托贝特（ROTHBARD）承认：“晚年胡克无疑是新保守主义和新自由主义、社会民主主义群体中以及在当代保守主义运动中最受爱戴的人。……（《新共和》最近在一首挽诗中宣布胡克为圣徒)”[13]，2002年胡克百岁诞辰的时候，新保守主义精英几乎控制了整个纪念会。换言之，作为新保守主义的左翼精神之父，胡克的自由观实际上已经成为新保守主义的重要精神动力和思想来源，从而对当今世界产生重大影响，因此，无论我们是要批判新保守主义还是研究新保守主义，研究胡克的自由观都不无必要。

另一方面，就我们而言，研究胡克的自由观也颇为必要。1840年以来，我们在救民救国的道路上，我们目不暇接，先后接受了“自由”(严复、梁启超等)、“德先生”(民主)、“赛先生”(科学)和社会主义(马克思主义)的新颖观念和制度设计，并最终赢得自由，建立社会主义新中国。但是，可能受到苏联斯大林模式的限制，长期以来，我们不自觉把社会主义和“自由”“民主”“科学”对立起来，将后者斥之为资产阶级意识形态，从而妨碍了自身的发展。今天，科教兴国成为国人皆知的纲领，“自由”和“民主”成为社会主义核心价值观的重要内容，“社会主义是大海，海纳百川，不会枯竭”“科学、民主、法制、自由、人权，并非资本主义所独有，而是人类在漫长的历史进程中共同追求的价值观和共同创造的文明成果”[14]，我们正扬帆起航，重返世界之巅。为此，我们需要在新时代新背景之下，不断进行理论创新，创建一种融民主、自由和科学为一体的社会主义理论，以及融民主、科学和社会主义为一体的自由理论。对此，胡克的自由观或许可以为我们提供一点灵感的刺激。

二、本书的研究思路、主要内容和研究方法

本书试图从以下几个方面来探究胡克的自由观：

其一，胡克自由观的来源，一方面，试图探索胡克的自由观与此观

念得以产生的社会土壤和胡克的社会实践之间的内在关系，从而找到胡克自由观念的实践之源。另一方面，寻找到胡克自由观念的理论渊源，从而将胡克的自由观念与自由观念史联结起来。

其二，胡克对自由范畴的把握。胡克对自由范畴的把握是在与当时盛行的几种自由观批判中建构的，意志自由论、良知自由论和放任自由主义不仅在当时喧嚣一时，即便是现在，依然有很强大的市场。正是在理论交锋之中，胡克确立他关于自由的理解。

其三，胡克自由观的逻辑框架。胡克实际上建构了一个包括世界观、人性论、认识论、方法论和逻辑学的自由观的体系框架，尽管他对此的描述并不系统。

其四，胡克探讨了自由现实化的必要条件。在胡克看来，观念只有转化为可以操作、可以实践的、可以产生实际后果的东西，才算成熟的观念，所以自由不能在云端，不能止步于思想的殿堂，必须落实在活生生的现实之中，必须探讨现实化的社会条件、制度基础和物质保障，因此胡克自由观的现实化条件成为其必不可少的组成部分。

其五，在探究胡克自由观的基础上，对之进行批判的分析，揭示其逻辑上的不足和实践上的缺憾，从而阐明其局限性，则是本书不可或缺的部分。

就研究的方法而言，本书既不打算对胡克的观点进行断章取义的批判，也不打算毫无原则地对胡克的思想进行辩护，而是本着实事求是的精神，从学术的角度出发，主要依据胡克所发表的大量著作和论文，按照“何谓自由、自由何在、如何自由”的问题逻辑，尽量客观、全面地勾勒出胡克自由观的内在逻辑脉络。在此基础上对其理论和实践上的后果及其缺陷加以评判，以摒弃其不足，打捞其有益成分，从而为我们丰富和完善马克思主义自由观、合理分析和评价当代马克思主义及解决当代自由主义危机提供一个智性刺激。

注释：

① （古希腊）亚里士多德．形而上学［M］．北京：商务印书馆，1995：5.

② 马克思恩格斯．马克思恩格斯全集［M］．北京：人民出版社，1979：96.

③ （美）埃里克·方纳．美国自由的故事［M］．王希译，北京：商务印书馆，2002：序12.

④ 同上，序10。

⑤ 同上，序11。

⑥ 见徐大同．西方政治思想史［M］．天津：天津人民出版社，1985：78.

⑦ 见刘小枫．20世纪西方宗教哲学文选［M］上卷．上海：三联出版社，1991：321.

⑧ （英）阿克顿．自由的历史［M］．贵阳：贵州人民出版社，2001：3.

⑨ （法）孟德斯鸠．论法的精神［M］上册．北京：商务印书馆，1982：153.

⑩ 见弗洛姆．论自由［J］．文摘．1986年第2期

⑪ Daniel Bell. The End of Ideology：On the Exhaustion of Political Ideas in the Fifties. with The Resumption of History in the New Century. Harvard University press. 1962.

⑫ Paul Kurtz：Sidney Hook Philosopher of Democracy and Humanism，Prometheus Books，Buffalo，New York，1983. p.31.

⑬ Murray N. Rothbard. Frank Meyer and Sidney Hook，The Irrepressible Rothbard Essays of Murray N. Rothbard Edited by Llewellyn H. Rockwell，Jr.

⑭ 温家宝．关于社会主义初级阶段的历史任务和我国对外政策的几个问题［N］．新华网，2007，2（26）：1.

第一章　胡克自由观的来源探析

悉尼·胡克（Sidney Hook，1902—1989），美国著名哲学家，1923年毕业于纽约市立学院，获文学士，1927年毕业于哥伦比亚大学，获哲学博士学位，其博士论文《实用主义的形而上学》受到导师杜威高度评价，据说杜威读了此文以后，曾经写信给朋友，表示自己准备从哲学中退出，因为发现了胡克这个接班人[①]。1928—1929年获得古根海姆奖学金，到柏林大学、慕尼黑大学、莫斯科马克思恩格斯学院从事黑格尔之后的哲学思想研究，他是第一批获准进入莫斯科马克思恩格斯学院的西方学者，1927年开始在纽约大学任教，1969年退休，任纽约大学荣誉教授。他长期担任纽约大学哲学系主任、纽约大学华盛顿学院主席，1973年任斯坦福大学胡佛研究所高级研究员，直到1989年逝世。胡克还曾担任杜威基金会主席、美国艺术和科学研究院研究员、美国教育研究院研究员、全国人道主义基金理事会理事（1972—1978）、工业民主联盟副主席、美国哲学学会东部分会主席（1959）等。

胡克早期以西方马克思主义者著称，晚期转向民主社会主义甚至保守主义立场，但是，作为美国古典实用主义的杰出代表之一，他主要的哲学贡献在于应用哲学，在于将实用主义广泛地运用于思考和解决社会问题、教育、伦理学和哲学自身等。胡克的主要著作有：《实用主义的形而上学》(1927)、《对卡尔·马克思的理解：一个革命的解释》(1933)、《从黑格尔到马克思：对马克思思想发展的研究》(1936)、《约翰·杜威：一个智力工作者的写照》(1939)、《理性、社会神话和民主》(1940)、《历史上的英雄：对可能性和局限性的研究》(1943)、《现代人的教育》(1946)、《异端，可以——共谋，不可以！》(1950)、《马克思和马克思主义者：含糊的遗产》(1955)、《常识和第五修正案》(1957)、《政治权力和个人自由：对民主、共产主义和民权的批判研究》(1959)、《"有"的寻求及其他对自然主义和人道主义的研究》(1961)、《自由的悖论》(1962)、《自由社会中的宗教》(1967)、《社会正义和20世纪的问题》(1968)、《美国自由和学院无政府主义》(1970)、《教育和权力的驯服》(1973)、《实用主义和生命的悲剧意识》(1974)、《革命、改良和社会正义：对马克思主义的理论和实践的研究》(1975)、《哲学和公共政策》(1980)、《马克思主义及其超越》(1983)、《不合拍：20世纪的不宁静的一生》(1987)、《信念》(1990)等。

作为美国20世纪最受争议的人物之一，胡克的一生跌宕起伏。早在20世纪20年代资本主义经济危机爆发之前，他就是一名积极的革命社会主义者、美国共产党的亲密伙伴和战友，他所著的《对卡尔·马克思的理解：一个革命的解释》被称为"用英语写作的对马克思的社会哲学最好的阐述"[②]。20世纪30年代，他曾经代表革命的社会主义与杜威、罗素、科恩等著名自由主义者展开激烈地辩论，"提供了共产主义者对自由主义者最好的回答"[③]，他积极组织和参与领导了对苏联"莫斯科审判案"真相的调查，50年代他成为在意识形态领域对苏联布尔什维克发动猛烈攻击的主力军，并于1985年获得里根总统颁发的"总统自由奖"。当70、80年代美国新保守主义复兴的时候，他被看作是理所当然的精神之父，对此，他不以为然，就在新保守主义为他歌功颂德的时候，胡克在自传中，充满感情地坦诚："我依然一如既往地拥抱社会主义理想"。胡克的一生，几乎客串了美国所有类型的政治谱系：最激进的激进分子、最保守的保守分子、最自由的自由主义者。他曾是社会主义青年的偶像，又曾成为反新左派的急先锋，有人视他为新保守主义的精神之父，有人称他为"社会民主主义的内斯特"（智慧长者）[4]。

胡克复杂的人生经历构成一个谜，当人们试图以"转变"来解释它的时候，胡克断然拒绝，他一再申明，"当我回顾我漫长的一生时，我并不认为我从青年时代至今曾经经历过任何严重的转变，或者曾经抛弃我的基本的理想，或者放弃过把智慧作为解决问题的最可靠的指导信念，在它们是可以解决的范围内"[5]。他承认："对于我和我的许多同时代的人来说，我们依然一如既往的拥抱社会主义理想。因为它激起的运动和思想，我们希望，会加强人类自由的前景。"[6]他坚信"自由"（人类自由）理想是支配他一生活动的中枢，"我把自由放在首位"，因此，认识胡克的自由观成为理解和评价胡克的思想的一个关键点。而在胡克看来，观念不仅与观念保持连续性，而且与行动保持连续性，观念是行动的规划，因此胡克的自由观不仅从既往的自由观念中获得营养，而且从他自己的自由实践中获得来源，而指导他将理论和实践的有机结合的，则是他的哲学基础，因此本书从理论和实践两个层面探析胡克自由观来源。

一、胡克自由观的实践来源

在 1987 年发表的自传体回忆录《不合拍——20 世纪不宁静的一生》中，胡克追溯了自己复杂的一生，在文首，他坚持认为贯穿在他一生经历中的主线，是为了延伸和扩展人类自由而斗争，在文尾，他接着写道："说一个人漫长的一生毫无变化，这是毫无幽默感的。当众善和众对之间发生冲突的时候，在重新评价优先性上经验起了重要作用。我无疑在许多方面都发生改变了，但在我所有的变化中我仍然能够认出我自己来，世界也发生了许多改变，尤其最近25年变化尤剧，我是否比我出生于其中的世界——尤其是那个我对之产生成熟意识的世界——变化更大，这听任读者自裁"[⑦]，在胡克看来，他的自由观并不是超然于他的生活世界之外的，而是在与它互动中形成和发展的。实践作为一个构成性因素进入他对自由的认知和行动中，20世纪的世界风云深深地影响了他的自由观的形成和表达。

胡克幼年时期，美国正在从镀金时代急剧滑入大萧条时代。生于美国贫民窟的纺织工人家庭的犹太人胡克从小就亲身经历和亲眼看见了社会的诸恶：不同种族混杂相处、孩子之间相互仇视和街斗、犹太人毫无缘由地被欺负、经济反复萧条、周期性的工人失业、工人为了生存常常付出道德的代价、种族暴乱。与之相反，他也听说了苏联经济的一枝独秀。所有这些发生在胡克身上及周边的"可以医治的邪恶"，促使胡克对反对国家干预、主张自由放任的资本主义制度产生怀疑，"我们非常清楚失业的腐蚀性后果，我们对缺衣少食的感觉深有体会。在冬天我们常常穿着衣服睡觉以取暖。我们觉得情形不一定非得如此，因为在别的地方并非如此"[⑧]。

尽管如此艰难，胡克相信希望依然存在。"这种希望为一种信念所巩固：通过教育，机会的大门将会打开"，"书让我得以从贫民窟逃离。图书馆成为当时文化沙漠的贫民窟里唯一能够让我们从定居点的狭隘的围墙中走出的通道"[⑨]。

然而，学校教育是枯燥乏味的，随着第一次世界大战的爆发，胡克惊讶地发现教育过程完全隶属于战争的狂热，人们一点都不能容忍持有不同意见的人。胡克由于表达不受老师欢迎的见解而遭到老师驱赶、监视和责骂。战争的狂热释放了真正的恐怖统治：民众暴力、废除民主程序、袭击私人住宅、武断地逮捕人，文化恐怖还伴随政治迫害和身体迫害。“最轻微的表达不同意见的方式，哪怕是一个字，一个鬼脸，一个被误解的手势，都常常招致殴打”[10]。胡克等反对美国参战的学生遭到其他学生无端殴打，对此，教师不是暗中鼓励就是袖手旁观。

在此情形下，胡克早在 14 岁的时候就接受了社会主义理想。通过大量阅读马克思的著作，胡克渐渐认识到所有的社会邪恶根源于资本主义制度，根源于资本主义自由放任的制度。1934 年，在与杜威、罗素、科恩的辩论中，胡克全面清算了资本主义制度对自由的破坏，在《没有教条的共产主义》一文中，他从生产力、民主、道德、艺术、必然性这五个方面对资本主义展开无情批判，指出资本主义制度是一切社会罪恶的根源。

在私下学习和接受马克思思想的同时，胡克也在大学学习杜威的实用主义思想。“在杜威的影响下，我认识到价值判断在任何哲学重建中的中心地位，与他一样，我寻求一种理性地解决价值冲突的方法，犹如，一定不是等同于，用来解决事实冲突的科学方法一样”[11]，在杜威的影响下，胡克渐渐把科学探究的方法看作是解决他的时代所有问题的关键。

通过对资本主义制度和现状进行分析，胡克坚信在资本主义制度下不可能实现科学探究的自由，“在此社会中，经济地位的不平等使得所有阶级分享思想自由和探究自由、讨论和批评的自由成为不可能，只要讨论和批评的自由产生出不受垄断政治权力的人所赞成的结论，就会被剥夺和废除”[12]。要使科学探究的自由“成为可能的唯一的社会条件、人民能够联合起来从事创造性的和共享的活动的条件是一个无阶级的社会”，而共产主义社会旨在“每个人的自由发展是一切人自由发展的条件”，因此，胡克宣称：“只有共产主义才能够将世界从社会邪恶中拯救出来。”[13]

对资本主义的绝望激励青年胡克积极投身于反对资本主义、谋求实现社会主义的火热事业之中。胡克不仅运用大学讲堂和学术刊物热情传播马克思主义思想，成为美国第一个在大学讲授马克思思想的教师，他还与美国共产党保持密切联系。他以一颗“朝圣”的心访问了苏联，而且热情地为列宁辩护。

1928—1929 年胡克到苏联和德国游学，目击了法西斯主义和革命，回来后又目睹了美国金融市场的倒闭和大萧条的开始，联系到他在欧洲对马克思哲学和黑格尔之后的德国哲学的深入研究，这些世界性的重大事件加深了他的革命信念，更加坚定了他对马克思主义的信奉。但是同时他也发现无论是德国还是美国的共产党却正疲于党派主义和宗派主义之争，注意力集中在莫斯科所发生的斯大林对左翼反对派和右翼反对派的斗争上。在胡克看来，导致这些后果的根源在于第三阶段理论，由于共产国际认为资本主义已经进入了最后危机和即将崩溃的第三阶段，这一阶段将是工人阶级和统治阶级之间最有决定性的和最终的决战，因此党首要的任务是将那些可能在最关键的时候将工人阶级错误地引向灾难性的妥协的改良主义道路的领导替换掉，作为这种理论的后果，一方面由于“信守他们的正统的立场，即共产国际行动委员会所说的历史决定论”，坚信作为科学的马克思主义证明了共产主义是不可避免的，因此他们不愿意领导改造社会的社会运动，在工厂和普通民众中没有群众基础。另一方面，则是对社会主义党进行毫不留情地打击，对党内持有不同意见的人进行无情清洗。

胡克对此深感忧郁，他试图通过对马克思思想进行自由探究，发掘其中的注重人的行动和能动性的因素，“批判正统的马克思主义者过于强调社会革命决定论、伴随资本主义经济崩溃社会主义社会必然带来、历史唯物主义一元论等观点”，以抵消正统马克思思想所产生的后果，这种尝试的结果就是《对卡尔·马克思的理解》等一系列著作的创作。

但是，《对卡尔·马克思的理解》一书受到了美国共产党的激烈批判，被视为修正主义。在胡克看来，这种批判不是基于真理，而是由于美国共产党奉行教条主义的结果：由于书中的一些观点与列宁、斯大林的观点相悖，而“当时列宁是神圣的，斯大林是他的继承人，因此批判他们中任何一个人都被视为一种政治的反动行为”⑭。在他看来，这种教条主义使得任何科学探究成为不可能。只有根除掉这种教条主义，马克思主义才能重新焕发青春。这种理论上的冲突以胡克与美国共产党断裂关系，建立美国工人党告终。

另一方面，针对从苏联开始，蔓延到美国共产党内部愈演愈烈的宗派主义和清除异己活动，胡克重新回到马克思，对马克思民主思想进行探究。他发现，在马克思那里，所谓无产阶级专政实际上就是工人民主，工人民主是社会主义社会的一个基本特征，“没有任何形式的工人民主就没有社会主义，有党的专政就没有任何自由”。由于坚信从内部来改造苏联是不可能的，胡克主张建立新国际，从外部推动苏联布尔什维克进行民主改革。

当1936年莫斯科审判和1936—1937年的大清洗的消息传到美国的时候，胡克极力主张对此进行调查，“在真相被揭示之前，莫斯科审判都会像噩梦一样缠绕着每一个社会主义者和共产主义者，就像法国的德雷夫斯案在法国人民生活中投下的阴影一样”⑮，为了澄清真相，胡克组织和参加了杜威调查委员会，调查的结果是“无罪”。这个结果是震撼性的。“我发现了极端的邪恶的脸”，胡克叙述到，“掩盖在那些被认为是善良意志的人们的颜面下，就像当时的法西斯主义暴露出来的东西一样得丑陋和令人目瞪口呆。尽管我严厉批判斯大林统治下的苏联的政治方案，但是我从没有怀疑他和苏联制度准备侵犯那些已经被织入文明生活机体中的人的尊严的基本准则”⑯，在胡克看来，“莫斯科审判和其后的大清洗，是美国自由主义史上的一个转折点，因为由于审判产生的冲突导致它无可挽回的两极分裂。莫斯科审判也是我思想和政治发展中的一个决定性的转折点，它教会我任何拒绝道德价值中心的社会主义观念都仅仅是极权主义的一个意识形态的伪装。莫斯科审判的结果也改变了我的认识论，使我认识到历史不仅是由生存者书写的，而且是可以由他们创造的，这促使我重新思考我的客观相对主义”[17]。

随着对莫斯科审判地调查，以及在20世纪30年代中晚期苏联政府控制工会、压迫其他政党、控制他国共产党、与法西斯国家结盟、肆意清除持异见者、实行新闻封锁，思想封闭、数字造假、强制劳动等一系列事件被揭发，胡克渐渐认识到在斯大林的铁腕控制下，民主和政治自由是不可能从内部建立的。特别是1936—1939年西班牙内战和1939年苏德条约的签订，促使美国的社会主义者渐渐对斯大林、进而对列宁乃至马克思的思想产生怀疑，把社会主义的革命目标视为一种可望而不可即的危险追求而放弃了社会主义革命理想。

为了从斯大林体系中拯救马克思思想，胡克指出：“社会主义、民主和科学方法，三者是不可分割的联系在一起的，没有另外的两者，任何一方也不能得以保全。”[18]但是随着努力相继失败，胡克对苏联民主愈加绝望，他渐渐认为布尔什维克主义、斯大林主义和法西斯主义是极权主义，一种令人生畏的当代专制形式。随着法西斯主义猖獗，美国罗斯福新政的进展，胡克渐渐以“极权主义－民主”取代“资本主义－社会主义”，作为时代主题的写真。他渐渐地将资本主义民主视为一种在反对法西斯主义和共产主义的斗争中尽管不完美但是有价值的伙伴。在他看来，苏联和美国的实践证明：没有民主的社会主义是奴隶制，没有社会主义的民主程序则为通向社会主义提供可能。在他看来，二战以后，欧洲许多国家走上福利社会的事实进一步证明了这个结论。

民主程序越来越成为胡克自由观的主题，从1939年他组织成立美国文化自由协会，到1940年《理性、社会神话和民主》、1943年《历史中的英雄》的发表，乃至二战爆发，胡克同时在两个战线上进行战斗，他一方面反对国际上法西斯主义、斯大林主义，另一方面反对国内自由至上主义、宗教主义和麦卡锡主义，在他看来，就探究的自由而言，前者的危害更大，因此成为他首先要反对的对象。

20 世纪 60、70 年代美国大学学潮爆发以后，胡克又把斗争的主战场转移到高校。教育逐渐取代社会革命，成为胡克推行人类自由的主要手段。他既反对激进的美国新左派，又批判所谓的墨守成规的自由主义者，萨特的自由选择理论和阿克顿的基于良心的自由行动理论成为首当其冲的被批判的对象。他领导成立了大学理性选择中心，认为学校的首要使命是教会学生理性选择，不是基于良心而是基于理智来决定自己的自由行动。

当胡克回顾自己的一生的时候，他承认实现人类自由是自己一生不变的追求目标，而普遍运用科学方法则是实现这个目标的始终不变的手段，他建议人们从这个角度看，那么就会发现他所有的表面上的所谓转变，其实都是围绕着这个中心的转动。为了科学探究的自由，他批判资本主义自由放任的制度，主张有计划的社会制度，但是苏联斯大林的社会主义方案，则以牺牲民主为代价，以全盘计划为手段，在胡克看来，这是以一个人的意志取代资本主义社会的诸多混乱的意志冲突，以专制取代无政府主义，依然背离科学探究的自由。而学生基于良心的自由则不过是无政府主义的代名词。因此，在胡克看来，广泛的实践考察证明了杜威所倡导的科学探究的方法对于人类自由的首要地位，必须以有计划的控制取代无限制的放任、以合作的知识取代独断的意志、以协商的共识取代个人的良心，才能克服自由放任的资本主义和独断的社会主义的弊病，在民主的社会主义基础上实现人类自由，他认为，这就是他一生不变的信念和行动的指南。

二、胡克自由观的理论来源

胡克一再坦诚他的主要思想来源于以杰斐逊为传统的美国自由主义、以马克思为代表的社会主义和以皮尔士为代表的美国实用主义，在他看来，杜威继承了这三种思潮，并将它们与美国具体的历史情境结合，对它们进行综合和发展。胡克承认自己的主要工作就是对杜威的思想的发掘、运用和推广，因此杰斐逊—杜威的自由主义、马克思—杜威的社会主义、皮尔士—杜威的实用主义是胡克的思想包括自己的自由观念的理论来源。

（一）杰斐逊—杜威的美国自由主义传统

在1962年发表的《自由的悖论》中，胡克写道："我始终认为自己是一个杰斐逊主义者，而且使我的哲学思想臻于成熟的老师们也是从杰斐逊的思想中取得灵感泉源的"[19]，在1988年发表的《一种哲学的观点》中，他又写道："美国自由主义的哲学发轫于杰斐逊，在杜威的哲学中开花结果"[20]，这些表白揭示了胡克思想的杰斐逊—杜威自由主义的思想来源。对此，《国家评论》在1984年6月15日发表的《胡克的英雄主义》文中，也承认了胡克的美国古典自由主义来源："可以从另外一个同样正确的角度看胡克及其作品，在他晓畅而犀利的笔下，他拥有一种将他和美国早期的自由的哲学家联系起来的古典性，他与18世纪那些设计了共和国的早期框架的人在思想上相一致。"

无论杰斐逊—杜威的谱系是否成立，胡克强调指出，这个谱系中至少包括以下"真正的美国自由主义的历史遗产"："将被统治者的自由表达同意作为其社会事务中的权威命令，认为这种同意只有当持不同意见的权利得到保障的时候才能是自由的，认为这些权利的所有者是个人（而不是阶级或者群体、种族），认为民主程序是人权发生不可避免的冲突的裁判，认为理智或者理性在社会事务中的运用只有当存在一个自由的观念市场的时候才能最好的发挥作用，认为无论怎么定义的真理和正义都是色盲的、没有性别的。在美国自由主义哲学中，个人，而不是个人主义，是中心，而作为致力于平等的关注所有个人的最大可能的实现其值得得到的潜能的共同体，有责任采纳措施推进机会平等，而不是结果的平等”[21]。这些历史遗产构成胡克自由观的自由主义来源。具体的讲，包括以下原则：

权利—权力原则：认为一切政府的合法权利产生于它对公民的人权的保障，这些人权的所有者是个人，而不是阶级或群体、种族，不因公民的性别、种族、民族等差别而区别对待。政府对公民的人权负有责任。这些人权包括自由的权利。如杰斐逊认为“每个人都被造物主赋予不可转让的权利，其中有生命权、自由权以及追求幸福的权利”，“为了保障这些权利，才在人们中间成立政府”。“如果遇有任何形式的政府损害这些目的时，人民就有权改变或废除它，以成立新的政府”“凡是人民自己能做的事由人民自己去做，其它所有的事情由人民自行选定，并可以由人民自行撤换的代表去做”[22]。

同意原则：认为所有政府的合法权力都应该依据被统治者的自由表达同意来确定，并将后者作为其社会事务中的权威命令，这不仅停留在字面上而是要落实到实际上，只有这样才能保证公民对政府的控制，保障公民的自由。认为通过民主政治或人民自治的政治来获致良好政府，虽然远非十全十美的道路，却是所有道路中最好的一条。杰斐逊指出，“政府的正当权力则得自被统治者的同意”。“我认为组成一个社会或国家的人民，是那个国家的一切权威的来源；他们有靠他们认为合适的任何代理人来处理他们公共事务的自由，有撤换这些代理人的个人或他们的组织的自由，在他们愿意的任何时候。”[23]

民主程序和民主制度：认为民主程序是公民自由表达同意和实际参与决定和监督政府的机制，公民的人权冲突由民主程序来裁决，坚信公民们通过公开的自由辩论、讨论和探讨过程比某些人代替他们而作出的决定更利于保障公民的自由，更能够提高公民的自治能力。杰斐逊坚信，“人民是他们统治者的唯一监督者，甚至他们的错误也有助于促使统治者恪守他们制度的真正的原则”[24]。

多数人统治和少数人异议权：认为民主程序不能排除公民的异议权，公民的同意只有当持不同意见的权利得到保障的时候才能是自由的。民主程序也不能保证达到完全一致，但是凡是在民主程序下所作出的多数决定都应该被所有的公民遵守，同时要保证少数派的异议权，保证他们有通过民主程序变成多数的机会。

理智中心原则：认为归根到底，人民的自由依靠人民自己充分地自由发挥理智的功能来获得，理智应该在政治与道德领域中居于中心地位，民主应该建立在理性或理智的基础上。坚信人民具有“天生的正直及明辨是非的能力”，“可以信任他们管理自己的政府”。[25]

战略性自由的突出地位：认为《人权法案》中规定的思想、言论自由等战略性自由是确保人们享有和实现其他自由的基本条件，理智或者理性在社会事务中的运用只有当存在一个自由的观念市场的时候才能最好发挥作用。

教育为根本：把普及和改造教育看作是实现和提高人民的自由权力和能力的出发点。民主政府所具有的流弊，可以通过多方的教育活动启迪公民来予以遏制。政治启蒙的过程会使民主政府及其代议机构更通达人情，更负责任。

以上原则为胡克所秉承，成为其自由观一个主要思想来源。但是他拒绝对此做教条主义地接受，而认为“一个真正的杰斐逊主义者只能把杰斐逊本人在人类事务中所尊奉的最高权威当作最高权威看待，那便是人类理性的权威”。在胡克看来，杜威就是用理性的原则来吸收、理解和继承杰斐逊的思想和原则的，而不是拘泥于字句，因此连接杰斐逊和杜威的传统的，更多的是一种理性的精神，而不仅仅是语句上的一致。杜威如此，胡克也是如此。因此在关于以上几点的具体理解和阐释中，胡克并不是与杰斐逊和杜威完全一致，但是在胡克看来，这并不有损他们之间的承继关系。

（二）马克思－杜威的美国社会主义思想

在 1987 年的自传中，85 岁高龄的胡克依然用饱满的热情写道：“对于我和我的许多同时代的人来说，我们依然一如既往的拥抱社会主义理想。因为它激起的运动和思想，我们希望，会加强人类自由的前景。”胡克承认从 13 岁开始他就把马克思的社会主义理想视为自己的终身理想，这个信念一直坚持到他生命的终结。为此，他几乎阅读了所有马克思著作，并认为自己的一切所为都是为了实现马克思的社会主义理想，为了实现人类自由。

但是胡克的这种自喻并不被人们所认同，因为显然他的大半生都致力于与马克思旗帜下的社会主义国家主要是苏联进行斗争，他的行动似乎表明他不是社会主义的支持者而是坚决、顽固的反对者和破坏者，因此他被许多社会主义者视为死不改悔的敌人。

但是这种言论与行动的背离，在胡克和许多学者看来，并不矛盾，在他们看来，这是因为胡克对马克思的社会主义的理解是与苏联占主导的意识地位的理解相背离的，他所奉行的是马克思所提出，并为杜威所发展的民主社会主义理想和路线，而不是苏联的马克思－列宁－斯大林的社会主义理想和路线。

在《理性、社会神话和民主》中，胡克在对马克思的苏联版的社会主义进行批判以后，指出："在今天的世界上，马克思思想中最优秀因素在其中得到表现的最杰出的人物便是约翰·杜威。这些因素都为他独立地作出了发展，而且是超出了在马克思著作中所发现的任何东西之外，系统的对它们做了精心研究。如果一种民主的社会主义运动要在美国土地上生根的话，它就将须从约翰·杜威的哲学中取得其营养的一种主要来源。"㉖

杜威对此并不否认，他曾经告诉科克（Jim Cork）"我可以被称为民主社会主义者，如果允许我对'社会主义'和'社会主义者'做出界定的话，我今天愿意这样称呼自己"㉗。可见杜威也是认同这个称号的。其实早在1913年，美国社会主义者沃宁在《社会主义的要旨》中就指出，"在我看来，如果从杜威教授所作的最准确而系统的阐述来理解，我相信实用主义是社会主义"㉘。无论马克思－杜威的社会主义这条传承关系是否成立，胡克指出，至少马克思－杜威的社会主义思想中包括以下几个内容，这些内容为他所吸收和继承。

哲学与社会：马克思认为哲学不仅认识世界，更要改造世界，"因为任何真正的哲学都是自己的时代精神的精华，所以必然会出现这样的时代：那时哲学不仅从内部即就内容来说，而且从外部即就其表现来说，都要和自己时代的现实世界接触并相互作用"㉙。无产阶级将不会寻求在"社会自身产生的非人的条件下"建立社会自由，而是"在人的自由的基础上重新组织人的存在的条件"，为此，"如果不废除无产阶级，哲学就不能实现自己，如果不实现哲学，无产阶级就不能废除自己"。因此无产阶级的哲学应该作为一种无产阶级革命的纲领和武器，致力于改造世界秩序，以建立一个自由、平等的理想的社会。杜威详细展示了社会阶层和阶级斗争是如何在他时代的形而上学的二元论和物质与形式、身与心、理论与实践、真理、理性和经验的主要概念中得以表达的，认为观念是行动的计划，观念的有效性和可靠性取决于它们在帮助我们实现我们的目标和目的中应用的可靠性程度，因此致力于自由的哲学有利于一个自由、民主的好的社会的建立，在胡克看来，马克思和杜威的哲学都是致力于人类自由的哲学，他们都把改造社会的实践指向纳入哲学构建的体系中来，这促使胡克把哲学层面的自由和政治层面以及社会层面的自由连贯起来，致力于建立一个与社会主义理想相适应的哲学。

社会改造与社会进化。马克思指出，“我们自己创造自己的历史，但是他们并不是随心所欲的创造，并不是在他们自己选定的条件下创造，而是在直接碰到的、既定的、从过去承继下来的条件下创造”[30]。同时，“只有当社会生活过程即物质生产过程的形态，作为自由结合的人的产物，处于人的有意识有计划的控制之下的时候，它才会把自己的神秘纱幕揭掉，但是，这需要有一定的社会物质基础或一系列物质生存条件，而这些条件本身又是长期的、痛苦的历史发展的自然产物”[31]。显然，在马克思看来，社会的发展是人的能动的改造和自身的进化相结合的过程，因此要把人的热情和事物的必然性的规律相结合，强调了物质前提条件，从具体事物的特点出发，而不是空中架楼阁。杜威同样强调了社会的改造取决于人的目的性活动和相关事物自身的必然性，主张要根据行动的后果来确定下一步行动的方案，因此对社会的改造不可能是一蹴而就的，而是循序渐进的。就人类自由而言，也是一个人的能动性参与和社会自身进化相结合的过程。只有当一个社会自身的发展已经为其新的形态准备了足够的物质基础的时候，人的行动才是最有效的。

人类自由对社会条件的依赖性。特别是政治的核心地位和经济的基础作用。马克思指出：“对宗教的批判，最后归结为人是人的最高本质这样一个学说，从而也归结为这样一条绝对命令：必须推翻那些使人成为受屈辱、被奴役、被遗弃和被蔑视的东西的一切关系。”[32] 在这些关系中，马克思强调指出政治和经济因素的重要性，强调了夺取政权，改造一个社会的政治制度对于改造整个社会的核心地位，而一个制度能够长久的发挥作用则取决于其经济基础，因此夺取政权以后，首要的是进行经济制度的改造，杜威同样看到人类自由对政治机构和经济基础的依赖性，“理智方法的完全和自由的运用的客观前提是一个从社会实验中撤离的阶级利益被废除的社会。它与每一个社会和政治的哲学和活动是不相容的，与每一个接受阶级组织和掩盖目前社会的阶级利益的经济体系是不相容的”，因此政治改革和经济改革对于人类自由来说是至关重要的。同时，他们都认识到其他因素如教育、文化等所发挥的必不可少的作用，如马克思提醒到：“必须特别注意各国的制度、习惯和传统，我们也并不否认，有些国家像美国和英国，在这些国家里，工人可以希望用和平手段来达到他们的目的。”而杜威认为仅仅只有政治民主和经济民主是不够的，只有把民主作为一种生活方式，才能有效地实现自由的理想。

社会主义社会与资本主义社会继承和发展。胡克认为，杜威和马克思都认识到资本主义的弊病包括：对科学技术和生产力发展的阻碍、对社会物品的浪费、社会秩序的混乱、人与人之间的对立和不平等、对人的创造力、尊严的损害、政治上的压迫和经济上的剥削等，杜威认为资本主义的这些弊病使得自由、平等、人的尊严等自由主义理想成为一种神话，马克思则认为这证明资本主义的这些口号不过是骗人的意识形态。马克思指出，取代资本主义的社会主义社会“在资本主义时代的成就的基础上，在协作和共同占有包括土地在内的一切生产资料的基础上，重新建立劳动者的个人所有制”。杜威进一步指出，在资本主义制度下所孕育的科学探究、自由思维、平等意识、民主的理想，由于资本主义制度自身的发展而日益受到束缚，发生畸变，因此成为一种内部的力量要求敲碎资本主义制度的外壳，建立有利于其发展的新的社会形态。因此取代资本主义的社会主义社会不是与资本主义完全断裂的，而是对它的发展和完成，新的经济基础上所要建立的并不是与资本主义曾经所追求的理想断然不同的理想，而是要更好地吸收和继承资本主义所获得的一切优秀成果，在此基础上，实现更快更有效率的生产力、更多更真的自由、更广泛的民主、平等、人的尊严等道德理想。

社会主义社会的始发点即基本要求是消除资本主义的弊病，最终目标是实现人类自由。为此，它首先要求实现生产工具社会化，以有计划的、计划着的经济取代资本主义混乱的经济状况。胡克认为马克思的主旨可以以一句话表达："自由和平等人格的共同体的存在的充要条件是集体所有制和民主控制主要的生产工具。"马克思看来，社会主义社会是一个不再是物支配人而是人支配物，不再是人与人对立而是合作、不再是混乱无序而是理性的计划着，劳动不再是人的异化而是人的创造性的实现的社会，是致力于每个人的自由发展的社会，是一个自由人联合体。"人类从必然王国进入自由王国的飞跃表现为：人们周围的、至今统治人们的生活条件、现在却受到人们支配和控制的人们第一次成为自然界的自觉和真正的主人，因为他们已经成为自己的社会结合的主人了，人们自己的社会行动的规律，这些直到现在为止都如同异己的、统治着人们的自然规律一样而与人民相对立的规律，那时就将被人们熟练的运用起来，因此将服从他们的统治。"[33]在杜威看来，社会主义社会是一个建立在相互学习、相互欣赏、相互合作基础上的人与人、人与物、人与自身共同成长的社会，是一个科学方法被普遍应用的社会，是一个民主作为生活方式的共享、共治、共有的社会。

巴特摩尔在《平等还是精英》一书中描述了马克思的无阶级社会的图景："马克思对无阶级社会的描述综合了道德的社会学以及历史的成分……在这里无阶级社会被定义为一种人们能够对个人命运具有重大的、平等的支配的社会：一种人人自己创造的国家、官僚、资本和技术的暴政和控制下解放出来的社会；一种充满创造性而不是占有欲的社会；一种人们从与他人的社会合作中享受乐趣，得到帮助而不是在与别人的竞争中相互仇视的彼此妒忌的社会"[34]，显然这幅图景是与杜威所描述的民主的无阶级的好的社会相似的，这也证明胡克所构造出来的马克思—杜威的社会主义谱系具有一定的依据。

（三）皮尔士—杜威的美国实用主义

如果说杰斐逊—杜威的自由主义和马克思－杜威的社会主义更多的是为胡克的自由观提供了自由观的内容层面上的支持，那么皮尔士－杜威的实用主义则更多地为胡克的自由观提供了形而上学、认识论和方法论上的来源，从而为其自由观念提供了结构层面的支持。在胡克看来，存在许多的实用主义，而他所继承和接受的，"既不是席勒的、个人的和安慰性的实用主义，也不是詹姆斯的神秘的和唯名论的实用主义，而自始至终是皮尔士和杜威的社会的和科学的实用主义。满可以把实用化主义、工具主义或者实验主义这三个名词作为同义语"[35]，在胡克看来，这种为皮尔士所首创并为杜威所发展的实用主义是"在一个不稳定的和悲剧的世界上运用理智的社会控制的艺术扩大人类自由的理论和实践"，他自任是此哲学传统的继承人，在度过 70 岁生日后不久，他写道："在我到达哲学的自我意识以来的这飞快流逝的半个世纪里，我对人和社会有了更多的理解。这使得我一再重新思考我对实用主义的基本信奉，而希望对我的观点做一个更加细微区别的、微妙的表达。尽管如此，我发现没有充分的理由抛弃或修改我的基本立场。"[36]在纪念他 80 寿诞的纪念文集《胡克：民主和人道主义哲学家》中，科武兹（Milton R Konvitz）写道："胡克多次称自己的世界观为实验主义、实验的自然主义，或实用主义的自然主义，但是最近他更多的只是称之为实用主义或'皮尔士和杜威的传统的实用主义哲学'"，可见胡克终身服膺皮尔士－杜威传统的实用主义，并将此哲学应用到思考和解决自由观的问题中来，因此实用主义成为其自由观的一个基础来源。爱德华·席勒在给《不合拍》所作的书评中写道："在他（胡克）身上，它（杜威哲学）找到了它的最好的体现：它的稳健、它的理性、它对新经验开放，乐意根据理性和经验考虑每一个辩论和任何替代性方案，在胡克手里，它以辩论见长而毫无教条"，这从他者的视角证明了胡克思想的此一来源。

在《实用主义的形而上学》中，胡克指出，所谓皮尔士－杜威谱系，并不是所有的皮尔士思想和杜威思想的组合体，而是指为皮尔士和杜威所共同接受而与詹姆斯和席勒等其他实用主义截然不同的几个基本观点，这些观点包括：（1）接受"实用化主义的原则"；（2）否认"必然主义"；（3）对意识采用了自然主义的解释；（4）承认"实在的习惯"；（5）坚持用"它们会或者能在具体中达成的东西"来解释一切实体的抽象。同时拒绝以下观点：（1）不相信无限的实在性；（2）相信真理的易变性；（3）混淆"主动的意愿"和"信仰的意愿"。[37]

实用化主义的原则。在《实用主义的要义》中，皮尔士再次澄清他的实用化主义的原则："请考虑一下，你的概念的对象可能有些什么样的可想象的具有实际意义的效果，这样，你关于那些效果的概念就是你关于这个对象的概念的全部。"杜威不仅继承了这个观点，而且通过探究五步法将它具体化、操作化。胡克将此观念用到对自由的探究，认为我们对自由观念的探究，不应该沉浸于抽象的争论，而应该将"自由是什么"的抽象问题转化为"自由会产生什么"的问题，当我们讨论一个国家是否自由的时候，与其抽象的论述这个国家的自由的学理，不如将它转化为一系列的具体的检验标准："它在哪些方面体现了自由。"对人们在不同时代提出的抽象的自由的定义，往往要从其针对的时弊所提出的具体要求和面对具体问题所企图达到的实际目的来得到解释和解决。在胡克看来，实用化主义的原则能够有效避免维特根斯坦所描述的"瓶中苍蝇"的命运。

否认"必然主义"。这不仅体现在世界观，而且体现在认识论和方法论上。必然主义实际是一元论，认为世界的发展图景是一元的、被决定好了的，别无选择的。由此真理只有一个，它是普遍必然的知识，其他都是谬误，探究真理的正确方法也是无可选择的。胡克认为，实用主义否定任何必然主义，但是并不否定必然性，只是对必然性有了灵活的理解。皮尔士和杜威都承认世界是客观存在的，但是同时也承认观念性的东西具有物理效能，也是实在的，人的观念-行动可以参与对世界的发展规划和决定，世界是由人和自然共同创造的。皮尔士认为有三种存在样式：潜在、现实和普遍性，并认为只有在表象中普遍性才能得到实现，而且三种存在都统一于表象中，因此在探究末了所建立的人的表象体系是用来完成实在的，而不只是与实在相符合的。杜威进一步将这三种存在及其关系纳入一个被赋予新意的“经验”的概念中，认为经验是人与环境相互作用的统一整体。从认识论上讲，皮尔士和杜威都以指导原则取代了普遍性和必然性的规律，方法论上，他们都以科学方法作为获得可靠知识的唯一最可靠的方法，在科学方法中，作为其理论的根据和所要得到的目标都不是永恒的真理，而是暂时的真理，是有待检验的假设。胡克吸收了皮尔士和杜威对必然主义的反驳，采纳了将人的活动纳入其中并起主导作用的世界观以及指导原则的认识论和科学方法论思想，这些塑造了自由观的理论基础。

对意识的自然主义解释。皮尔士和杜威都认为意识不是无的放矢，而是服从人的目的和与行动密切相关联的。皮尔士认为人是按照信念的习惯行动的，而“思维的唯一职能在于确定信念”[38]“思想不是别的，它无非是探索的手段”[39]。杜威更直接，认为所有的思想的概念、学说和系统，“是工具，和一切工具同样，它们的价值不在于它们本身，而在于它们所能造成的结果中显现出来的功效”[40]。胡克从这种思想出发，进一步提出“主体—工具—客体”三元框架理论，强调观念和物质条件对实现自由的决定性意义。

承认实在的习惯。皮尔士和杜威都认为认识活动是探究活动。探究不可能从普遍的怀疑开始，而是从习惯的打断和依靠以前建立的别的习惯来进行，探究的结果不是无误的真理，而是确定一个暂时不能证明是假但是不能确定将来不会假的信念，作为我们行动的习惯或规则。“信念的本质是建立一种习惯，不同的信念是根据他们所产生的不同的行为方式加以区别的。”习惯是实在的，人们的表象体系是建立在习惯的基础上。因此探究总是情境的、也是连续的。胡克像杜威一样，由于认识到习惯的实在性，因此将民主的观念从一种狭隘的政治建构扩展为生活方式。认为只有当民主成为一种生活方式，成为人们的行动习惯和思维习惯，人类自由才有了长期的可靠的保护人。

用“它们会或者能在具体中达成的东西”来解释一切实体的抽象。胡克指出，这是拆借实体的最佳方法，它将一个混沌的整体划分为一个个可以用经验和理性携手处理和检验的问题集，它是科学方法的基础。胡克对上帝存在论等一切神秘主义或者导致神秘方向的问题的批判最简单可行的方法。

相信无限实在，世界充满可能性。这些可能性为人的自由选择和自由行动提供了空间和舞台，他也相信真理不是易变的，世界的万物都是有其必然性的，是客观存在的，这是人类自由的基础和依靠，否则我们拿什么去控制对象和排除对象对我们的妨碍呢？但是他同时相信我们对任何事物的必然性的认识不是一成不变的，而是可能会犯错的。因为我们的理性和经验不是固定不变的，而是在实践中不断进化的。胡克同样反对将“主动的意愿”和“信仰的意愿”相混淆，他强调主动的意愿对于自由的重要意义，但是坚决反对任何信仰的意愿，在他看来，前者是推动科学探究的，而后者相反，是阻碍自由探究的。

在胡克看来，以上几点是皮尔士－杜威实用主义哲学谱系的基本原则。既然胡克将自己纳入这个谱系中，因此也接受了这几个基本观点和要求。但是这只是胡克自由观的皮尔士——杜威实用主义来源的一部分，尽管是基本的一部分。

概括地将，胡克自由观的实用主义来源体现为以下几点：

整体的思维方法：与传统的二元论相反，皮尔士和杜威采纳一种整体论思想，在他们看来，心灵与自然、人与物、内在欲望与外在实现、知与行、观念与物质虽然不同，但不分离，它们都是实在的，总是在一个整体中相互关联、相互作用着的。在皮尔士看来，它们是存在的不同样式，在杜威看来，则是经验的不同表现形态。皮尔士认为潜在、现实和普遍性是三种不同的存在样式，通过普遍性，潜在转变为现实，只有在表象中普遍性才能实现，而且三种存在统一于表象中，因此，在探究结束所建立的表象体系是用来完成实在的，而不只是与实在相符合。杜威进一步将这些存在样式用更新的"经验"范畴囊括，提出经验的自然主义或自然的经验主义的形而上学体系。就胡克的自由观而言，这种形而上学使得胡克对自由的考察摆脱从纯粹的观念的内在角度，而是从行动、观念与行动的互动、行动的效果的视角展开，不再致力于把握一个抽象的普遍的自由标准，而是着力于探究具体情境中的自由问题的实现，不再孤立的探究自由，而是把人类自由放在人与其他人、其他事物共存的关系网络中来寻找自由的位置和限度。

连续性的思维方法：皮尔士和杜威都反对笛卡尔式的普遍怀疑，认为任何认识都是建立在以前的知识的基础上，不仅任何有效的新观念都是对旧观念的一个补充和完成，因此观念之间是连续的，而且观念的有效性同样取决于它对新事实的成功解释，这种成功是通过新旧事实之间的连续性得以实现的，因此观念与观念、观念与事实、事实与事实之间的关联都是连续的，因此知识是累积的，连续的。根据连续性原则，任何知识都是人应付环境中产生和运用的，它们没有什么本质区别。"一切人类知识，直至科学的最高成就，都仅仅是我们天生的动物本能的发展”[41]。杜威进一步将自然界的成长原理应用到其他领域。这种思想被胡克运用到自由观钟，认为自由的观念既要与以前的有效的自由观念之间达成连续性，同时又要有效的消解新出现的问题，并把由此改造的新的自由观念纳入到这个观念体系中来，即“不断再造自由观念”。

进化观念：皮尔士和杜威都把进化作为事物发展一个必要的环节或归宿，选择和目的性作为一个客观性和主观性相结合的环节被纳入观念和事物的关联性的生长中，无论观念还是事物，就其发展趋势而言，都置身于潜在的多元竞争中，竞争的成败由其最后现实化的事物来决定，就一个人来说，不同的思想观念总是围绕着行动的目的而展开竞争，行动的自由实现进行着观念竞争中的取胜者，因此尽管思想自由是行动自由的条件，但是行动的自由最终定义着人的自由。

一致同意原则：由于整体相关性和连续性，因此知识的有效性标准取决于观念内在逻辑的统一，同时更取决于按照观念所采取的行动导致的外在事物发生与预测一致的转变，这种统一和一致性的客观性不应该基于观念，而应该基于事实，不应该基于个人，而应该基于共同体，共同体基于客观事实而获得的一致同意应该成为知识有效性的准则。

科学方法论：将以上观念纳入到一个观念体系中来，就表现为一种思想—行动的程序和模式，在胡克看来，这就是皮尔士所提出，杜威进一步完善和发展的科学方法论，在胡克看来，皮尔士—杜威的实用主义最有价值的地方就是提供了这种消除障碍、赢得自由的行之有效的方法，在皮尔士那里，它是一种确定信念的有效的科学方法，在杜威那里则成为一种科学思维的方法，由于在杜威那里，思维与行动从来都不是分离的，因此它也是科学行动的一种方法，杜威建议将此方法运用到对任何问题包括社会问题等的思维和行动中去，以此作为确立正确的人生哲学之道。胡克不仅接受了杜威和皮尔士的建议，而且进一步付诸实际的应用，从而得出基于科学方法而必须的社会层面的改造和选择，从而揭示科学、民主、自由以及社会主义的内在关联性和依赖性，从而建构一种首尾一致的、由自然层面向社会层面渗透的自然主义的实用主义自由观。

皮尔士—杜威的实用主义对胡克的来源性影响是多元的，胡克自由观的本体论、认识论和方法以及社会哲学思想都是以它为基础的，同时又是对他们思想的发挥和应用、延伸。胡克认为实用主义与别的哲学的一个大不同在于它是以承认生活的悲剧感为基础的，这也正是皮尔士所说的“不自欺欺人”原则。它不是从幻想中世界来讨论现实的世界，也不是从现实世界来讨论幻想的世界，而是直面“人类的困境、抗议和热望的”，它既不以造物主自居，也不甘于作自然的奴仆，它承认世界是充满危险的、认识是不健全、行动是有风险的，但是它对人类思维的创造力和可能性充满信心，相信人类依靠科学的方法，是可以解决一个个的问题，不断进化的，不断扩大自由的空间和领地的。认识是行动的纲领，认识不需要神秘的东西为基础，认识者没有天然的等级高低，人人只要不受障碍采取科学方法进行探究都能够扩大自由，但是认识也是社会性的，认识是与经验相关的，知识的客观性和可靠性依赖于认识者共同体的共识，同时也是与对象的必然性相关的。皮尔士指出，知识不在于任何个人的主观确实性感觉，而在于研究者共同体的共识，要根据它承受公共批判的能力来判断。因此，与对科学的探究相关的是对社会的探究，一个好的社会不仅是社会探究的需要和结果，也是自然探究的需要和结果。实用主义尽管并不主张对世界的整体作宏大叙事，尽管强调任何问题的情境性、具体性，但是由于它将所有的问题化解为人应付环境的一个展示，将人的目的、需要作为中心，因此事实上暗示了一个整体论的思想图景，在这个图景中，一个解决问题的步骤和程序就凸显出来了，这就成为容纳和承载多元问题之下的一元，成为将零零碎碎的世界图景连接起来的一个视点。因此应该说：对这个步骤、程序或者模式的重视，就成为实用主义对胡克最大的影响。因此，可以说，皮尔士-杜威的实用主义给予胡克一种自然主义的世界观、实用主义的人生观、实验主义的认识论和科学的方法论的来源，促使胡克对自由的思考超越传统狭隘的二元对立的思维模式，而是在一种思行结合、物我交融、我－他一体的宏阔视野中展开，自由不复为一种个人的内在体验，而是一种必须体现于外的、从外部可以观察到的一种不受障碍的目的性活动，这种目的性活动也不是独立、自我中心的、孤立的进行的，而是在与其他人、其他事物在相互尊重平等的发展权的基础上所进行的一种依靠思维、知识、行动、效果来交流的协商活动来实现的。多元的自由的发展需求在一个共同的科学方法的程序上获得共识、形成认同。

因此，胡克的自由观致力于将当时美国在政治、社会和哲学上盛行的三种思潮即杰斐逊的自由主义、马克思的社会主义、皮尔士的实用主义综合在一起，通过阐明杜威的政治哲学的方式来构造一种新型的杜威——胡克版本的新自由主义，新社会主义、新实用主义，这种复合体就表现为胡克的自由观，通过这种方式，它将皮尔士的原则延伸到社会层面，为杰斐逊的政治哲学提供哲学基础，为马克思的社会方案提供美国版本，将杜威的晦涩、迂阔、零散转变为果断、简洁、集中。

值得一提的是，尽管胡克自称为杜威的传声器，自喻为杜威的看门狗，总是把自己的许多思想归结为杜威，但是这与其说胡克没有自己的哲学思想，只是杜威的思想的复述者，不如说胡克把他和杜威所共同参与、相互促进的事业冠之以杜威的名字而已。杜威从不讳言自己从胡克那里获得启发，他总是把自己的手稿首先给胡克阅读，并悉心接受胡克的批评，胡克也是如此，杜威和胡克的许多重要著作都是在相互切磋、相互学习中创造出来的。因此，如果我们从杜威所倡导和践行的学习共同体的角度来理解胡克和杜威的这种思想关联关系，那么我们就不必为他们的思想上的发明权和所有权进行无谓争论，我们可以说胡克复述了杜威，也可以说在某种程度上杜威也复述了胡克，因此他们两人的思想关系可以用他们之间的一段精神对话所准确表达："我不知道你为什么大惊小怪的，我所做的一切不过重述你所说的而已。"（胡克告诉杜威）"当我阅读你写的关于我的东西，我对自己更加了解了"（杜威回答胡克）[42]，因此可以说，胡克的著作和杜威的著作都不过是杜威－胡克理论探究活动的历程的一个风景而已。

注释：

① Sidney Hook. Out of Step：A Unquiet Life in the 20th Century，Happer&Row，Publishers，New York，1987. p.90.

② Selig Perlman. Towards the Understanding of Karl Marx［J］，The American Political Science Review，Vol27，No（4），p.657.

③ Christopher Phelps. Young Sidney Hook：Marxism and Pragmatist，Cornell University Press，1997. p.104.

④ Murray N. Rothbard. Frank Meyer and Sidney Hook，The Irrepressible Rothbard Essays of Murray N. Rothbard Edited by Llewellyn H. Rockwell，Jr.

⑤ Sidney Hook. Out of Step：A Unquiet Life in the 20th Century，Happer&Row，Publishers，New York，1987. p.596.

⑥ Ibid，p.4.

⑦ Ibid，p.605.

⑧ Ibid，p.30.

⑨ Ibid，p.14.

⑩ Ibid，p.22.

⑪ Ibid，p.138.

⑫ Robert B. Talisse & Robert Tempio Sidney Hook on Pragmatism，Democracy，and Freedom：the essential essays，Prometheus Books，New York，2002. p.119-120.

⑬ Ibid，p.145.

⑭ Sidney Hook. Out of Step：A Unquiet Life in the 20th Century，Happer&Row，Publishers，New York，1987. p.163.

⑮ Edward S Shapiro Letters of Sidney Hook：Democracy，Communism and the

Cold War, M., E. Sharpe, Inc 1995. p.57.

⑯ Sidney Hook. Out of Step: A Unquiet Life in the 20th Century, Happer&R, Publishers, New York, 1987. p.218.

⑰ Ibid, p.218.

⑱ Sidney, Hook. Marxism and Values. Marxist Quarterly1 (January-March1937), p.45.

⑲ 悉尼·胡克.自由的矛盾情况［M］.何光来译.上海：上海人民出版社，1964：1.

⑳ Sidney Hook. Conviction, Prometheus Books, Buffalo, New York, 1990. p.302.

㉑ Sidney Hook. Conviction, Prometheus Books, Buffalo, New York, 1990, p.302-303.

㉒ 转引自梅里亚姆.美国政治学说史［M］，朱曾汶译.北京：商务印书馆，1988：86.

㉓ 转引自梅里亚姆.美国政治学说史［M］，朱曾汶译.北京：商务印书馆，1988：77.

㉔ （美）梅利尔·D·彼得森.杰斐逊集［M］，北京：三联书店，1993：980.

㉕ 同上，1483.

㉖ 胡克.理性、社会神话和民主［M］，金克，徐崇温译，上海：上海人民出版社，1965：132.

㉗ John Dewey: Philosopher of Science and Freedom, edited by Sidney Hook, Greenwood press, 1950, p.349.

㉘ William English Walling. the larger of socialism (New York, the Macrnillan Company, 1913, p.xi.

㉙ 马克思恩格斯全集（第一卷）［M］，人民出版社第2版，1995：220.

㉚ 马克思恩格斯选集（第一卷）［M］，人民出版社第2版，1995：585.

㉛ 马克思恩格斯全集［M］第23卷，人民出版社，1995：97.

㉜ 马克思恩格斯选集（第1卷）［M］，人民出版社，1995：9.

㉝ 马克思恩格斯选集（第3卷）［M］，人民出版社，1995：441.

㉞ 巴特摩尔.平等还是精英［M］.辽宁教育出版社，1998：103.

㉟ 资产阶级哲学资料选辑第十二辑［M］，《哲学研究》编辑部，1965：8.

㊱ Paul Kurtz: Sidney Hook Philosopher of Democracy and Humanism, Prometheus Books, Buffalo, New York, 1983. p.3.

㊲ 资产阶级哲学资料选辑第十二辑［M］,《哲学研究》编辑部，1965 年，第 8 页 .

㊳ 夏基松 . 现代西方哲学教程［M］，上海：上海人民出版社，1985：206.

㊴ 布迟勒 . 皮尔士哲学［M］，商务印书馆，1979：34.

㊵ 杜威 . 哲学的改造［M］，许崇清译，商务印书馆，1958：78.

㊶ 皮尔士论文集（第 2 卷）［M］，英文本，1957：477. 参见夏基松 . 现代西方哲学教程［M］，上海：上海人民出版社，1985：206.

㊷ Sidney Hook. Out of Step：A Unquiet Life in the 20th Century，Happer&Row，Publishers，New York，1987. p.91.

第二章　胡克对自由范畴的探究

胡克对自由范畴的探究是与他对三种在他的时代所流行的、具有影响力的自由概念的批判分析相结合的。这三种自由概念分别是：（1）意志自由论，认为人的意志能够完全自主地选择和决定人的行为。（2）自由放任主义，认为自由就是为所欲为的权利和权力。（3）良知自由论，认为自由就是按照自己的良心行动的权利。胡克并没有集中地对这三种自由概念进行分析和批判，而是在不同的情境中分别进行批判，在他看来，他的自由概念既充分吸收了这些自由概念中的有益成分，又可以有效地避免这些自由概念的缺陷，因而更具优越性。

一、对意志自由论的批判

胡克指出，意志自由观是最古老的自由观，持有这种观点的人由于对世界（社会、历史）的必然性的不同观点而分为三类：一类观点坚持世界（社会、历史）决定论，认为只有人的意志和意识世界是自由的，外在世界则完全为必然性所支配，因此意志自由是人与其他事物本质区别所在，是人的尊严所在。这种意志自由为人们营建一个超越必然性的道德世界打下基础。在道德世界中，人是完全自因的、自主宰的，因此只有道德世界是自由世界。一类观点坚持世界（社会、历史）是没有任何规定性的，完全是人的意志自由的结果。因此现实世界是人的自由意志的产物。第三种观点认为世界（社会、历史）中的一切都是被决定了的，包括人的意志自由，因此人无论是否具有意志自由，都不应该为自己的行为承担任何道德和法律上的责任。

胡克既反对将自由与现实世界分离的观点，也反对否定决定论的自由观，更反对将自由与责任、法律分离的理论。他对这三类自由概念展开批判性的分析。

首先胡克指出，人是自然的一部分，人的情感、愿望和意志同样是人与其环境互动的产物。它们不可能是仅仅满足于内部世界的一个封闭的体系，而总是要指向外部世界，对外部世界有所需求的。人的内外部世界不是分立的，而是互惠的。因此那种禁欲主义的自由并不是真正的人类自由，人类自由总是要通过与外部世界的互动来满足自己的愿望、情感和意志，只有能够在外部得到实现的意志，才可能是自由的意志。这种实现，往往是通过自由行动以及自由行动的后果来确定的。

但是外部世界并不是完全为了人的意志而创造出来的，因此当人的意志自由要想在外部获得实现，就必须遵守外部世界自身的规律性和必然性，只有这样，才可能通过自身的行动，消除行动的障碍，在利用事物规律性的基础上把事物朝向有利于自己的目的的方向发展，从而达到目的，获得自由。

从这个角度讲，胡克指出，“人类的自由是从自然规律结束的地方开始，自由的领域是处于物理的必然性和规律的领域之外的”的观点无疑是错误的。人类的自由恰恰不是在自然规律结束的地方，而是在自然规律存在的地方，并且依赖自然规律的存在。因为人类自由就存在于对事物的“控制、引导和否定”中，“如果自由借以表现其本身的对象和事物没有内在的秩序使它们得到转变、利用和享用，那么自由意志或自由心灵或自由人能起什么作用或完成什么事？如果没有机械作用，所谓‘自由意志’和精神病人的谵妄和自大的狂想有什么区别呢？”，这种观点也是与经验事实不符的，“作为一个经验事实，当无论谁的心灵或意志表明其选择时，它并不是要为汹涌的混杂和混乱打开闸门，而毋宁是要引进外加的秩序，即有意义地决定和稳定事物的流动，以便把它的力量潜藏起来，供将来使用或享用”①，胡克进而指出，这种理论是有害的，因为它产生两个后果：一是认为现实物质世界里没有自由可言的，这无疑为宿命论打开门窗。一是认为在现实世界中只有那些背离自然规律的行动才是自由的。因此把自由行动看作是一种任性的非理性行动。

其次，胡克指出，人在内部世界中的意志也并不是完全自由的，人的意志不仅不能自主的支配人的行动和思想，而且不能完全自主决定人的选择。“现代科学表明，人的意志不仅可以由暗示直接控制，而且是以生理状态为转移的”。我们意志的自由程度还受到我们所掌握的知识和信念等诸多因素的影响。人的意志不仅是不满足于内部，而总是外趋的，而且它自身也无力阻挡外部力量的侵入，因此它不可能构成一个封闭的体系，而是与外部世界连续的。所以不可能存在纯粹的意志自由世界。

胡克进一步指出，否定了人的意志的完全自由性，并不意味着必须承认世界（社会、历史）的完全必然性，也并不意味着道德、法律和宗教就失去合法性基础。因为大量的经验事实证明，人不仅可以认识世界（社会、历史）的必然性，而且可以改造世界（社会、历史），从而能够有效地参与决定世界（社会、历史）的进程的设计和安排。如果说世界（社会、历史）是具有完全的必然性的，那么这只有同时承认人的意志自由也具有完全的必然性，才能避免两难。这不仅与科学事实背离，而且会决定性地断送道德、法律和宗教的合法性基础。因为如果人的意志自由是必然的，为人以外的力量所决定的，那么人就不应该为自己的任何行为承担宗教、道德和法律上的任何责任和义务。既然行动与自我无关，那么责任和惩罚就无从谈起，这样就会混淆责任和惩罚的理论。

但是，在一个既肯定意志具有一定的自由但不具有完全自由性，又肯定世界（社会、历史）具有一定的必然性但不具有完全必然性的理论中，这些困难就不会发生。换言之，无论人还是世界（社会、历史）都不是封闭的、孤立的、完成了的单一系统，而是开放的、相互联系的、成长着的多元趋势。在胡克看来，只有在这样的理论构架中，人的意志自由才可能结出自由行动的果来。人的尊严才不仅以其抽象的意志自由而且以其现实的自由行动来达到实现。只有在这样的理论构架中，宗教、道德和法律才能正当地施加于人身上。因为它不仅为人类提供了自由选择的能力，而且提供了自由选择的机会。

可是，胡克同时指出，传统的意志自由的争论不是有益于我们去寻找和发现这个将意志自由和世界（社会、历史）的必然性连接起来的纽结点，从而拓展人类自由的空间，而往往将我们导向一种不可操作、不可观察到的、神秘化的方向。

为此，胡克对传统意志自由的观念做了发生学的考察，他发现意志自由的观念有两个来源：一方面由于外在行动屡屡受挫，因此人的自由是否存在就成为问题，而人的尊严系之于人的自由的存在，因此为了捍卫人的尊严，在外在自由不可得的情况下，退而求其次，证明人具有内在自由，即人具有意志自由。另一方面，为了让行动者对自己的行动承担责任，为了证明针对行为者的行动所做出的道德和法律上的表扬或惩罚是正当的，就必须证明人有意志自由。

对此，胡克指出，我们把惩罚和表扬与其建立在对责任的偶然猜测的基础上，不如建立在清楚界定的社会后果上，这样会更易于执行。人的意志究竟是否自由，这是不能直接观察到的，但是社会后果则是有目共睹的，可以获得共识的。只要一种社会后果是其行动的结果，那么我们就要求他对此负责任，无论他是否有意志自由。因此从操作的角度讲，意志自由的引入不是把问题变得更简单，而是更复杂。

其次，基督徒引进意志自由，是为了证明人犯错的根源在于人所拥有的意志自由，所以要求人自担责任。但是胡克指出，这种愿望往往恰得其反。因为如果意志是自由的，那么它既可以作恶也可以为善，至于它是为恶还是为善，这依靠意志自由是不能解决的，其原因应该在别的地方，因此意志自由并不是最终的，还应该存在更为根本的、另外的自由。同样，康德关于自由意志能够为人类制订自由的法，这些法成为道德的原则也是令人怀疑的，因为显然自由意志并不能证明它所立出来的法律是道德的还是不道德的。而如果说把人的行为的过错归咎为意志自由，那么在原罪的名下，人们实际上就可以同等的作为一个类来承担抽象责任和惩罚，而无需为其个体行为承担道德责任和法律责任了，因此只有整体共同受罚，而不能区别对待。这样就得出一个相反的结论：意志自由不是成为道德和法律合法性的根据，而成为消解道德和法律的工具。

最后，胡克指出，意志自由的观念也是多余的，无意义的。形而上学的意志自由的问题与是否存在一个比起别的替代物更好的自由社会、与是否哪些自由值得提倡等问题毫无干系，因为从哲学经验上看，那些在意志自由的问题上持相同意见的人们在后面的问题上可能会得出不同甚至完全相反的结论，而在后面的问题上持相同意见的人们可以在意志自由的问题上观点相反。从逻辑上讲，我们也不能从意志自由的形而上学问题上演绎出关于人们关于应该如何建立一个自由社会、如何为人们实现自由的合理结论，因此对意志自由的问题的探讨对于我们保持、拓展和实现自由来说毫无意义。

因此，胡克指出，“所谓的人类自由的‘问题’，首先并不是心理学的探索对象，而是伦理学的探索对象。它不是意志是否自由的问题，而是心灵是否自由的问题，或者换言之，是人和我们据以阅读人的心灵的人的行为是否自由的问题”[②]，意志自由的问题取决于心灵自由或行动自由的问题。就其自身而言，它不过强调指出：自由的行动必须是不受他人意志而只能是受自己的意志所决定的自愿的行动。至于如何实现意志自由，则取决于如何况实现和扩大心灵自由或行动自由。

二、对放任自由主义的反思

胡克指出，由于意志自由论存在诸多困难，“人们普遍的认为由于霍布斯、洛克、休谟和密尔的作品以及当代自然主义者和实证主义者的作品，意志是否自由的整个问题已经被行动自由的条件问题所取代了。普遍的解决方法是：当人们的行为是被他们自己的意志决定的，而不是被别人的意志和其他一些导致我们说他们的行动不是自愿的因素所决定的时候，他们是自由的。就此而言，只要阻止一个人随心所欲的行动的条件如无知、身体上的无能、对身心的限制等存在，他就是不自由的”[③]，就是说，只要一个人在做出行动的决定的时候，不受到任何直接或间接的强制，那么我们就说这种行动是自由的。这种对随心所欲的行动条件的要求，在针对他人或者机构的时候，就转变为一种权利或权力的要求：要求拥有为所欲为的自由权利和权力。这就是自由放任主义者所持有的自由观。

针对这种自由观，胡克首先从发生学上进行考察。胡克发现，这种自由观产生于人们在从事目的性的行动的时候，由于受到他人或机构的妨碍而不能得到实现，因此提出这个要求，其目的在于消除这些具体的障碍，让行动继续。这种要求并不企图获得绝对的自由，而只是针对特定的流弊或者实现某些特定的要求和希望的障碍，其目的仅仅在于要求将其消除。为了证明这种要求的正当性，人们总要持有一定的道德理由。当这种具体的障碍被消除以后，自由的要求也就随之平息。因此这种对自由权利的要求总是具体的、相对的，并没有人要求获得为所欲为的抽象自由权利。

其次，胡克指出，从心理学上讲，当任何头脑清醒的人说他相信自由的时候，他心中总是有一个具体的、值得获得的自由，他并不是真的相信自由的本意是丝毫不受别人阻止而为所欲为的权力和权利。因为如果他这样做的话，那么他会证明最可怕的罪不是针对别人而是他自己。“如果把自由定义为为所欲为的权力，那么没有哪个首尾一致地这样做的人不会成为别人的残忍行径和恶行的受害人”[④]，因此，从心理学上讲，不可能有人倡导不受限制的、无条件的、普遍化的自由。

再次，从逻辑上讲，人们也不可能赞同享有一切行动的自由。因为所谓自由权利，本身就是一种选择行为，当我们倡导或赋予一种具体的自由的时候，我们也就是在倡导或赋予别人干涉或者阻挠那种自由的自由是被限制的或者被剥夺的。要保护某人拥有某种具体自由权利，就意味着必须剥夺或限制其他人干涉或阻挠其享有这种自由的自由。否则，自由权利就是一个空洞的概念，而不具有可操作性。而任何对自由权利的要求都是指向一定的操作，而不是抽象的概念游戏。当一个人要求获得自由说话的权利的时候，别人就不能同时享有禁止他说话的自由权利。相信宗教宽容或者别的类型的宽容，就必然相信容忍宽容那些阻挠行使宗教自由的宗教狂热者的不宽容行为是错的。

最后，胡克指出，最重要的是，任何完整的、抽象的自由权利都包含许多相互冲突的具体的自由权利。我们所欲求的各种具体自由总是相互冲突、相互矛盾的。在许多场合，我们都致力于追求各种不能相容的自由，特别当善与善、善与权力、权力与权力发生冲突的时候尤烈。既然这些自由理想总是在一个具体的行动中指向不同的方向，而我们不可能同时实现它们。因此我们必须有所舍弃，必须不能把任何具体的自由权利看作是绝对的，不能用权利目录来替代在具体情境下解决权力冲突所必要的艰苦思考。

胡克将自由的这种相互冲突的事实称之为自由的悖论，“自由的悖论在于你不能将它作为一种行动的规则普遍化”，因此，自由的权利不可能是抽象的、完整的、绝对的、无限制的，而总是具体的、个别的、相对的、有限的。自由不可能是为所欲为的权利和权力。任何正当的自由都指向一定的情境，指向一个具体行动要求。当人们在具体情境中行动，发生自由的冲突的时候，我们必须做出选择，我们必须从整体的自由结构出发，在它们之间进行平衡，以保证实现尽可能多的自由。在胡克看来，根据公众利益或者保存我们无可争议的权力的整个的结构，平衡彼此相冲突的权力和自由，正是民主的政治程序的核心。

因此，在胡克看来，自由不可能是一种为所欲为的权利和权力。与其说自由是一种为所欲为的权力和权利，不如说自由是一种在各种具体自由的冲突中进行理智选择的活动。这种选择活动实质上就是如何在各种目的性冲突中进行有效平衡的问题。自由放任主义的自由观的错误根源于对自由的悖论的无知，但是它强调了自由与个体内在欲望的现实化之间的关系，强调了每个人都应该平等获得自由实现自身的欲求的机会。但是他们没有看到的是，这种平等机会的获得和切实地实现，依靠所谓普遍的自由权力是不可能得到的。由于自由的悖论的存在，自由的冲突无所不在，依靠一种“看不见的手”来协调，实质上就是回避了能动地协调的问题。它将混乱、无序、敌对、斗争而不是控制、有序、合作、和谐引入到自由的悖论的解决中，它把动物性的物竞天择照搬到人的事务中，忽视了人的理性协调机能，忽视了人是具有理性的存在物，没有看到在竞争之外还存在合作，在斗争之外还存在共存。在生存之外还有价值，忽视了人的道德价值维度，没有看到道德因素作为协调人类自由冲突的一个构成性因素的存在。因此在胡克看来，只有依靠一种理智的工具，才能协调和统一这些相互冲突的欲求，从而实现每个人值得欲求的目的，而不是所有人的直接欲求的目的。

三、对良知自由论的超越

如果说人们之间的欲望总是相互冲突的，因此按照一个人完全为自己的欲望所驱使去行动，常常会陷入自由的冲突中而得不到切实地实现，那么良心呢？良心较之于欲望，具有道德的意味，它似乎自身就具有道德上的合法性，因此基于良心所采取的行动，似乎应该获得普遍的认同和支持。

在胡克看来，阿克顿勋爵就是这种自由观的代表，阿克顿在《自由的历史》中，写道“所谓自由就是一种保证，让每一个人在履行自己所认定的义务时，都受到保护，不受权力当局和多数的影响，也不受习惯和舆论的影响”⑤。

在《自由的悖论》和《民主与社会抗议》文中，胡克对“良心”进行剖析，指出良心尽管较之于欲望似乎更加客观，但是它依然不能作为自由行动的准则。

首先，胡克指出，“良心”这个词在使用中是语义含糊的。它有时指一种促使一个人决定自己的义务是什么的权力或能力。有时指一种揭示人类行为中善行或恶行的清楚明白得道德感。有时则指一种表达对自己已经做过的或者将要做的事情给予消极判断的后悔、罪恶感的“宁静的、细小的声音”；有时则指一种主张关注已经完成了的或思考过了的行为的对错的情感。但是，无论“良心”被看作是一种能力、机能、情感或者气质，它都是指一种心理学上的事实。但是就我们的行为准则而言，我们关注的是它的道德权威。行为的道德权威不可能从心理事实中演绎出来。眼见并不为实，道德感也并不就能保证建诸其上的信念的正确性。因此我们根据良心来行动，并不能获得道德上的一致。

其次，良心的道德权威也不能来自任何宗教来源，如果我们不想自找麻烦的话。如果说良心的声音是上帝的声音，那么我们如何知道我们所听见的是上帝的声音而不是撒旦的声音呢？除非我们已经在先知道上帝所命令的内容的善恶。

即便人们在良心上具有一致性，但是人们对良心的表达也并非无误的，因为任何援引良心的人原则上都必须相信那些说他是冒名顶替的人所表达的良心是错误的。上代人基于良心所采取的行动在以后的时代看来则常常是残忍的，而当代人对于许多显然不合道德的行径也并没有发出良心的呼声。而对于许多复杂的道德问题，人们的良心或者缄口不语或者只是用一种不确定的语言说话。

最后，没有理由用超验或超自然主义的原因来解释良心的操作和存在，其实对良心的形成和表达产生影响的自然因素有：通过将社会、家庭、学校、同行的行为准则所形成的习惯内在化。或者是担心被人发现自己违背了公共接受的准则，以及作为其后果而受到身体上的和社会上的惩罚。

因此，在胡克看来，良心只有作为审慎的思考的结果，才能获得权威。没有任何涉及善与善、善与权利、权利与权利相互冲突的真正的道德问题依靠良心自身能够获得解决的，良心在其直接的意义上，只能反映出那些与价值冲突相关联的最初倾向的强度[6]。

其实，胡克指出，大量事实证明，并不存在一个被大家认同的共同的良心，良心是人各殊异的。同一个行动，在某人看来是合乎良心的，在另外一个人看来则可能是丧尽天良的。某个人良心所要求的事物，可能是另外一个人所深恶痛绝的。我们所奉行的法律和制度，极少不受到某些人的良心的反对，因此如果以良心来作为自由行动的准则，那么人们就可以基于良心的理由肆意反对服从任何法律和制度。

良心也是不可观察、不可检验的。一个人可以在良心的借口下干尽坏事，也可以因为良心而做善事，人类的历史也证明，干尽坏事的人也从来不曾受到良心的谴责。因此，如果以良心为准绳，我们既不能对任何行动进行干涉，放任一切打着良心旗号行为，也能够以良心为理由对任何行动进行干涉。

从逻辑学的角度讲，按照这种观念，我们必须保护疯子和白痴的行动，因为他们可以把自己的行动说成是按照自己的良心的自由行动。按照这种观念，我们将不可能终止那些持有相互矛盾的狂热信念的人们所进行的永无休止地冲突。我们将听任社会绝望地陷入长期无政府状态。而在无政府状态下，人的自由最少。

综上可见，胡克指出，无论是把自由系之于人的意志、欲望还是良心，我们都会陷入自由的悖论中，在实践上陷入混乱。在胡克看来，这三种自由观都着眼于行动的原因，强调人的目的和动机对自由行动的支配作用，而没有考虑到参与行动的其他因素对自由行动的影响，没有从行动的后果的角度来评价和理解自由。要解决自由的悖论，扩展人类自由，就必须代之以一种新的自由观，该观念包容意志自由观对人的行动的内在意志自主的强调、放任自由观对人的行动的内在欲望外在化的要求以及良心自由对行动的道德维度的诉诸。

四、对探究自由论的深化

胡克指出，人类自由不可能仅仅是一种动机上的自由，而更是一种结果上的自由，因为一方面，“人是有需要和愿望的，并企图来满足这些需要和愿望”，人的天职在于把这些需要和愿望现实化，即实现自己的潜能，人的行动即致力于此天职，“行动的源泉是冲动和欲望、野心、希望以及恐惧”⑦。因此它总是要指向外部世界，要求在外部世界中得以实现。另一方面，我们所生活于其中的世界并不是一个已经完成了的、封闭的世界，而是一个开放的、成长着的世界，它为人的自我实现即自由行动提供了机会和可能。

那么，在这样的一个世界中，人如何才能获得自由呢？有人认为，世界是意志的产物，因此按照自由意志行动，就一定会畅通无阻。任何行动的过程就是重新创造的过程，在胡克看来，这种观念是建立在错误的世界观基础上的，事实上，“世界及其潜力和可能性是一劳永逸的一次创造出来的，在它的生长和运动中显示不同的维和方面，这些维和方面是不可通约，因此是不可还原的”⑧，这是人类行为首先必须面对的事实，人作为世界的一分子，无论如何也不可能像造物主一样从零开始来创造世界，而只能在现有的事实世界的基础上寻找自由行动的位置。有人认为：既然世界中所有的事物包括人的运动都是由潜能向现实的转化，欲望支配了一切，而世界是一个和谐的整体，因此任何随心所欲的行动都既合乎人性，又符合自然，因此符合世界的必然性。在胡克看来，这种观念依然是建立在虚假的世界观和人性论上。首先，无论人还是世界万物由潜能向现实的运动并不是单线条的，而是多元的，因为任何事物的发展都不是孤立的，而是在一定的环境中进行的，受到其环境的影响，由于任何环境都是变化的，因此任何事物的发展都不可能是可以完全预料的。其次，这种理论是建立在一个预设的基础之上的：世界万物包括人都是一个至善、至能的上帝的产物，因此随心所欲的行动总是会由于上帝的庇佑或“预定和谐”，而尽遂人愿的。在胡克看来，这种预设首先是不可证明的，其次是多余的，再次是不合事实的，最后是后果严重的。因为任何事物都有着自己的独立于人、上帝、工具或造物主的结构和秩序，这些结构和秩序除非由于自然生产过程中的规律和偶然性是不能改变的。自然界只能用自然的手段来改变。因此我们无论从意志、欲望还是良心中都不能改变它们，我们也不能从逻辑的指尖中流出世界。因此任何仅仅基于人的意志、欲望或良心而采取的行动，并不能畅所欲为。人的行动不仅受制于人，而且取决于其行动的环境中的各相关因素的必然性。当人致力于自我实现的自由行动在现实世界中受到妨碍的时候，人只能依靠对自然界必然或者机械的结构和秩序的认识，运用自然的手段转变其发展的趋势，才能摆脱自然界的束缚。这意味着人的行动自由有赖于对其活动情境中诸要素的理解和控制。

但是，仅仅认识事物的必然性仍然是不够的，因为我们的欲望和愿望（行动的目的和理想）常常是多元的，它们交织在一起，而且往往是相互冲突的，这使得我们目的混乱。因此，我们必须认识自己的心灵，“凡是不知道自己心灵的人，其理想的源泉和求得实现的方向就不能得到利用，因为他总是陷于狂热的希望中，焦躁地要回到不能恢复的过去和走向不能实现的未来”[⑨]，而清楚地了解自己的人，就不受踌躇、怀疑或犹豫的阻碍。认识自己的欲求，就能够有效地控制它，“方法是引导它，而不是压制它”[⑩]，因此，作为自由的行动，应该是一种“有清楚的目的，并且能够实现这些目的”的行动。这意味着不仅要理解和控制行动的外部环境也要认识和控制行动者的内部环境。

据此，胡克指出：“关于我们自己和外部世界的认识，是取得自由的钥匙”，自由就是这种认识显示和表明于日常生活的结果。所以，“人类自由，像人格、品德、荣誉和大多数别的值得拥有的东西一样，不是一种自然的天赋，而是习惯或者伦理上的习得，某种通过认识和分析得来的东西。"[11]有无知识成为检验是否自由行动的一个标准。只有根据在知识的基础上所做出决定去行动，才会获得自由。因此，人类自由系之于心灵的自由，系之于知识的获得和应用。

如何获得可靠的知识？正如以上所分析的，人的认识活动产生于一定的情境中，针对人的自由行动与其环境中其他因素的成长所产生的冲突而展开，其内容在于理解彼此的必然性，其目的在于控制环境，消除冲突，排除障碍。在这里，环境中那些相关事物的必然性和规律性是客观存在的，如果我们要获得自由，就必须认真对待它，因此"心灵自由蕴涵着接受，接受认识在必然的事物秩序方面所揭示的东西"[12]，这种接受是肯定的接受，不是肯定世界的美好，而是肯定世界的必然性。同样我们自己的欲求也是必须首先要接受的，否则我们也许能够解决行动障碍，但是没有自由行动，"没有任何行动是自由的，除非是不受强制，除非是建立在自由表达的同意上"[13]。我们不可能对一个无视我们欲求、损害我们利益的行动，自由地表达同意。因此，心灵只有在平等的对待相互冲突的诸方利益的基础上，寻找到一个能够为它们所接受的，有利于其共同利益的方案，因此认识的问题实质上就成为调解的问题。由于人的欲求是多元的，事物的发展趋势是有弹性的，因此这种调解是有可能成功的。但是，由于情境是稳定的也是不稳定的，我们也不可能穷尽对它们的所有要素的认知，因此任何调解方案究竟能否行得通，最终还得依靠实验，实验的过程其实就是给发生冲突的诸方一个"自由给予同意"的机会，是一个试错的过程，在试错的过程中我们的欲望得到修正，事物的状态发生改变。当一个方案的实验获得成功的时候，就是说根据此方案采取的行动消除了障碍，获得了自由，那么，这意味着这个方案就是解决这个问题的真理，就是说我们获得了可靠的知识。因此，知识的可靠程度取决于按照此知识采取的行动的自由程度。这种认知模式或方法，胡克称之为科学探究的模式或方法，它表现为一套程序：看出问题所在、陈述假设、做出推论、执行实验、并进行观察。在胡克看来，这是我们获得正确的知识的唯一可靠的方法。“有效的知识是那种被科学方法保证的知识”“科学探究的方法是我们获得关于自然界、社会和人的真理的唯一最可靠的方法”[14]。它“不仅能够获得关于用以实现设定的目的的最好的手段的客观知识，而且能够获得关于在目的受到争议或者发生冲突的困难情境中的最好的目的的客观知识”[15]。

在胡克看来，科学探究的方法是一种有效的理解和控制方法，“把科学方法运用到人的经验的所有领域，会扩大我们的理解或增加我们的控制。”[16]通过科学探究活动，人与其环境通过互动，丰富了经验，增加了知识，扩大控制能力，消除障碍，形成合理欲望。

但是，这种理解和控制不是建立在对抗、强制的基础上，而是建立在合作、自愿的基础上。因此，科学探究方法还是一种有效的合作方法。这不仅是人与物的合作，也是人与人的合作。在探究的过程中，所有与人所要采取的行动后果利益相关的人和物，都获得充分的考虑，得到平等的对待，因此实验才获得成功。“对于我们自己和对于自然（它的固定性和不确定性）的认识，能够使我们控制和预言。凡是我们能够控制、引导和否定的地方（即使这不过是在必然性目前换上一副新面孔），就能发现自由”[17]。这种控制、引导和否定是建立在理解、尊重和合作的基础上。

在胡克看来，这种科学探究的模式不仅在解决手段的冲突中有效，而且在解决目的的冲突中发挥作用，不仅可以运用来解决人与物的冲突，也可以用来解决人与人的矛盾，因为它是在我们的世界中用来解决我们的问题的最好的方法。它是理性的方法，是在一个散布着偶然性和活跃着可能性的开放的宇宙中，人们通过理智的行动改造世界、实现自我的自由的方法。胡克指出："只有通过科学探究的方法，我们才能认识到共同利益，设计政治和教育程序以满足它们和检验其程序的充分性，科学方法也是那些持有相互冲突的形而上学和宗教信念的人们之间进行合作的唯一方法。"[18] 因此人类自由有赖于将科学探究的方法运用来一切领域。

胡克指出，科学探究的自由就是他所主张的自由观念。1937 年在致《南方评论》编辑的一封信中，胡克写道："如果自由主义被定义为在所有的社会生活问题中全心全意地接受科学探究的方法，那么仅仅在此意义上，我是一位自由主义者。"[19]

要保证科学探究的自由，要把科学探究的方法运用到一切领域，这意味着不能对人的心灵进行专制，反对任何来自于教会、政治、意识形态、社会制度的束缚自由思考的做法，要保证科学探究的自由，还意味着必须保证人们能够享有一些自由权利，如言论、出版、集会等自由，因此，胡克指出："所谓自由，我并不是指想干什么就干什么的权力，而是指关键性的自由如言论、出版、集会、独立工会、司法独立以及其他许多与民主相联系的权力的自由。"[20] 没有这些自由，人们就不能自由地交流经验，平等地合作。在科学探究的每一个环节，都需要所有利益相关者的积极参与，提供信息、共同观察、提出假设、一起推理、参与实验、共担责任。在相信科学探究的自由的人看来，如果存在对立的观点之间进行交流的机会，相互交换的过程总是和结果一样重要，那么真相更能够被发现。因此，科学探究的自由还需要人们有不受任何强制表达自己的观点，特别是说不的自由、异议的自由、犯错的自由和向错误学习的自由。还需要人们有"选择的权力、发展自己的趣味、判断和整个的社会模式的自由"，要求我们必须容忍各种观点即使与自己对立的观点，尊重个人表达其信仰即使是最荒唐的信仰的自由权利等等，所有"在一个民主的制度使得个人批判他们的统治机构成为可能的自由的社会里所发现的各种权利"。

要科学探究的自由以及与之相关的自由权利为人们所享有，就必须建立一种保障这种自由得以实现的社会。因此，胡克指出："所谓自由，我并不是指想做什么就作什么的权利，而是一个用民主的方式组织起来的理性社会的概念，在此社会中，所有的人都有机会和能力最大限度地发展自己作为人所能够达到的高度。"[21]在这个自由的社会中，"每个公民都能够参与集体政策的决定，以导向解放各种各样有才能的人物为目标的明智的计划政策，同时也能够捍卫私生活领域，而使它得以持续保存下来，在这个私生活领域中，人人都有自做决定的自由"[22]"在这个社会里面出现的所有利益都得到代表，当社会的多数不利于它们时具有合法的反对多数决定并变成新多数的核心的机会"。

因此，胡克从意志自由对知识的依赖、行动自由对利益商谈的期盼、良心自由对多元目的的协调中发掘出自由与知识、自由与方法、自由与社会的关系，从而建立一个包括政治自由、公民自由和个人自由为一体的探究自由体系。如果一定要给胡克的自由概念下一个综合的定义的话，那么一个适当的定义应该是：所谓自由，这里指的是人类自由，它是人区别于其他事物一个标志性特征，它并不是指为所欲为的权力和权利，也不是指每个人按照自己的良心行动的权力，而是指在充分掌握相关知识和信息，并对这些知识和信息进行分析的基础上，不受任何直接或者间接的强制而自主自愿的进行选择和决定去做或者不做什么，成为或者不成为什么，以满足自己的合理性欲望，充分实现自己作为一个人所能够达到的最大高度的权力和能力，以及为了实现这种自由而必不可少的自由权利和自由的社会条件。这种自由突出地表现在科学探究的自由中，在胡克看来，只有科学探究的自由才能唯一扩展人类自由、实现人类共同自由成长。一个能够把科学探究的自由毫无障碍的应用到一切领域的社会就是一个自由的社会，一切科学探究的自由所必需的自由权利都是具有战略性的自由权利，应该得到优先的保障。

杰瑞·麦克考伦提出的自由的三维结构："无论何时在讨论一个主体或众多主体的自由的时候，总会涉及摆脱什么限制、束缚、干预和障碍而得到自由，从而能做或能不做什么事情、能成为或能不成为什么状态。因此，这种自由总是什么主体的自由，从脱离什么障碍中获得自由，从而能做或能不做和能成为或能不成为什么，这是一种三维的关系。"[23]换言之，自由问题总是包含自由的主体、自由的障碍和自由的目标。

从这个视角分析胡克的自由概念，我们发现作为胡克自由概念的主体的，不仅仅是某个人，而是社会全体人，扩言之，是整个人类，自由的障碍则包括来自自然界、社会和精神领域的由他人、他物以及自我所导致的内外部的障碍，因此他的自由概念不仅是针对权利而言的政治自由，而且更是包罗万象的哲学意义上的自由概念。他要讨论的是如何捍卫、延伸、扩展人们的自由，以最终实现人类自由，也就是实现社会中的每个人的自由，使得他们的所有的值得欲求的潜能都能不受妨碍的得到实现，每个人都能够达到其作为人的最高度，这就是自由的目标。

因此，胡克的自由概念依然属于宏大叙事，秉承的是欧洲大陆尤其是康德、黑格尔的自由概念，但是与英美的自由概念相关的是，他像马克思和杜威一样，不但不把人类自由的实现与个人自由的实现对立起来，而且把后者看作是前者的内容和核心，如马克思所说，"每个人的自由是一切人的自由的前提和条件"，所谓的"一切的人"并不是一个高踞于个人之上的抽象存在物，一个可以要求个人为它而牺牲自由的特权实体，而是一个由自由的个人理性的组成的社会结合体，它不是每个人之外的他在，它就在每个人之中。因此人类自由就是实现每个人的自由。但是与英美的一些哲学家不同的是，在胡克这里，个人并不是原子式的存在者，而总是社会性的存在者，自由不仅仅是一个对他人权力的限制和自我权利的保障的概念，更是一个人们友好联结的概念，它要维护的不是某个人的排他性的直接的欲望的满足，而是在保障所有人能够在平等的基础上联合起来进行合作和共同实现其潜能的值得欲求的欲望的满足，因为在胡克这里，无论个人还是自由概念，都是一个社会性的概念。自由总是与在具体情境下人们如何联合、合作以加强对环境的控制和管理相关的概念。

在胡克这里，自由概念是一个成长概念，是每个人不受妨碍的实现自己的合理成长的概念，像启蒙思想家一样，胡克认为人的天职在于最大可能的实现自己的欲望和理想，发展自己的能力和个性，但是与一般启蒙思想家的乐观不同，胡克看到了这种要求面临三个客观存在的困难：人作为自然界的一部分，其寻求实现自己的欲望和理想的活动与自然界其他部分的发展趋势相冲突；人作为社会的一部分，其寻求自由实现的要求同样和社会中别的人的要求冲突；人作为欲望和理性的结合体，其寻求自由实现的各种欲望和理想之间本来就存在冲突。这三个层面的冲突制约了人的自由发展。但是人作为有脑子的、有理智的动物，作为能够制造和使用工具的动物，他不仅可以获得其他事物必然性发展运动趋势的知识，而且可以运用工具来从对方发展的多元可能性中解放出对人自身的成长有益的发展可能性，在发现一些情况是不可更改的情况下，合理的调节自己的欲望和要求，从而化解矛盾，化束缚为自由。因此自由不仅意味着对自己和外物的知识和理解，而且意味着对外物和自己的控制和调节。

扩言之，在胡克看来，人们不仅制造和使用工具来理解和控制自然界，以摆脱自然界对自身发展的束缚，而且能够同样可以利用创造性的理智和合作的智慧来解决人与人、人与自身的冲突，在认识自然界、社会、个人发展的潜在多元可能性的基础上，通过建立一系列的工具（如制度、国家等），在人们商谈同意的基础上，依靠理智和合作性智慧，将一个奴役人类的世界逐步转变为一个服务于人的、促进所有的人自由成长的世界。

人选择和应用工具解决人与自然、人与人、人与自身的冲突的理智的活动，在胡克看来，就是科学探究的活动。因此，人的自由就是科学探究的自由。这种科学探究的活动并不是孤立的个人活动，也不是对立的阶级活动，而是一个利益共同体的活动：共同的问题构成共同的情境，共同的情境构成利益共同体。在此，问题和情境将相关者联合起来，构成一个探究共同体。这种联合意味着每个人所要求的自由不应该是不平等的自由，而是平等的自由。所谓平等的自由指的是自由为所有人平等享有，而不是成为少数人或多数人的特权。这里平等不是平均，而是就每个人获得平等的自我实现的机会和条件而言。其检验的标准不是每个人都得到一个相同的发展模式，而是指每个人都能够获得平等的机会，将自身值得欲求的潜能得到充分的、最大的发展和发挥，每个人都能够作为人、作为目的而不是手段而有尊严地生活着。

因此，胡克所主张的自由概念是控制与合作的统一。人们在对问题的控制过程中，形成合作的共同体。合作与控制是互惠的。在此胡克经历了新旧个人主义的转变。与古典自由主义一样，胡克曾经把人和人的关系看作是一种对抗的关系，在此，他人作为自己的竞争者和对立物，只有当我们通过一个中介如国家等来用法律将我们的权利固定化，才能控制住他人，而不让其成为自己的障碍，使得其阻碍我的欲望受挫。只有当他人的欲望受挫，我的欲望才能得到实现，我与他人之间存在的只是这样一种相互对抗、防范的关系。在此国家主要是作为一种消极的意义而存在，即用来控制他人的侵犯行动。由于国家成为一种共有的防范工具，因此形成的共识是：防范国家权力的扩大，仅仅将其限制在防范的范围内。否则，就可能成为一部分人用来侵犯其他人的工具。国家在此不是作为沟通、合作的桥梁，而是共约的护城河，每个人都像一座孤立的城堡，像一个单子，彼此在互不侵犯的原则中共存。对他人的关心仅限于权限。而在新个人主义那里，共同的利益将自我与他人联系起来，他人不再看作是天然的敌人和竞争者，而是天然的合作者，新个人主义认识到个人的局限性，认识到人与人联合的重要性，国家在此不再作为消极的防范装置，而成为积极的合作工具。人们通过控制国家来与其他人进行合作，要控制的不再是他人的影响，而是他人的疏离。他人不再被设想为首先是一个觊觎自己的利益的人，人与人的交往的结果往往不是利益的增益而是转移。而现在他人首先被看作是一个与自己一样有着自身利益的人并且意图与自己进行合作的人，认为通过合作会使得双方获得更多的利益，是非零和博弈。国家不仅仅满足于作为一个维持秩序的警察，而且成为一个合作的媒介。通过它更多的人的潜能得以成为现实，它要实现的是每个人的自我实现，要消除的是阻碍人们自我实现的障碍，这种障碍有来自外在的事物，有来自他人的不合理的欲望，这些不合理的欲望如果不得到控制，将破坏人们合作，不仅会阻碍他人自我实现，而且阻碍自己的自我实现。

胡克强调了自由总是置于一定处境中的问题，总是与摆脱某种现实的或者可能的束缚相联系，总是与实现一定的目标为准裁，自由是可以检验的事情，它存在于后果中，它要求控制不稳定因素，它对不稳定因素的控制不是基于依靠精神或者物质的力量消除这些因素，而是在自愿的基础上实现其转化，化害为利，或者化害为非害。

总之，胡克的自由概念强调了自由与知识、自由与民主、自由与平等、自由与方法的关系，知识是控制的理论前提，民主是控制的制度基础，平等是合作的基础，方法是合作的途径，这些使得胡克的自由概念不是停留在抽象的论证和争辩的水平上，而是成为可以操作的现实的事情。

综上所述，较之于一般的自由概念，胡克的自由概念具有以下几个特征：

哲学意义上的自由和政治意义上的、伦理意义上的自由是一贯的。人与自然、人与人、人与自我之间的自由关系是一致的，这并不是说它们之间存在逻辑演绎关系，而是说它们作为人的自由所要解决的问题领域都可以用相类似的原则和方法即理智的方法来解决，尽管此方法和原则在其具体运用上存在区别。但是无论在哪个领域，只要我们能够对它们进行理解、控制和否定，都是自由的表征。

三个领域中的自由彼此关联。作为人所能够颁布的有效得自由法则，不是由某个人或者某些人所决定的，而是由具体情境中的自然环境、社会环境和心理环境中的各相关要素共同协商的结果，这种商谈不一定是以语言的方式进行，而是通过人的行动以及行动所产生的后果，以及人们针对后果而采取的进一步的行动的调整等一系列的实验过程来达到的。

自由是一又是多。所谓一，指的是科学探究的自由。所谓多，指的是作为自由的探究活动得以进行所必需的多种自由权利和自由条件。在众多自由中，尽管存在战略性的自由权利和非战略性的自由之分，但是这些优先次序在具体的情境中，并不是可以教条的信守的，而是要根据自由的结构而进行选择的，因此不变的不是自由的优先序列，而是理智和理性对自由的选择和分配，这种理智和理性也不纯粹是个人的，而是探究共同体集体形成的。各种自由也不是不可分割的，不可剥夺的，它们之间是相互影响的，形成一个互惠的整体。当然这种影响不是逻辑蕴含关系，而是经验关系。

自由总是具体的、情境的或者说能够具体的、情境的。胡克并不完全反对抽象自由，但是认为任何抽象自由都必然会在具体自由上有所体现，不能体现为具体自由的抽象自由只是无意义的抽象概念。同样，任何集体自由也必然能够体现为个人自由，一个个人毫无自由的社会不可能是一个自由的社会。

自由既为天赋亦为后天。自然中没有自由，尽管人生而具备一定的自由的潜能，但是能够成为现实的自由的，不是天赋，而是习惯或者伦理上的习得，是某种通过认识和分析得到的东西。并不存在一种爱自由的基因，自由可以为所有的人所有的种族所获得。

自由不是宿命的，而是可增可减的，是不可能完全失去也不可能完全得到的。因此，就整体自由而言，不存在完全的不自由的人也不存在完全的自由的人。减少自由的方法很多，但是增加自由的方法只有一个——通过渐渐认识我们自己和我们更好的生活的世界。

自由虽然总是和人的尊严、价值联系在一起，但是自由并不总是善的。一个自由的生活并不总是善的生活，一个自由的社会并不总是善的社会。因为我们所置身于其中的宇宙是散布着偶然性和活跃着可能性的开放的宇宙，因此，人类自由的生活，不仅仅是一种有组织的事业，也是一种生气勃勃的冒险。

总之，胡克的自由概念继承了实用主义对连续性、整体性、情境性的角度选择，以及对知识、民主、科学方法对于自由的重要意义的强调，并且把马克思和实用主义在社会主义的理想平台上联系起来，把社会主义社会的实现作为实现人类自由的最优选择和必要的社会条件纳入自由的制度规划中，将皮尔士的科学共同体、杰斐逊的民主有机体、马克思的共产主义联合在杜威思想的平台上，进一步将杜威的自由理想扩展为作为民主的生活方式的社会主义共同体，在胡克看来，在此社会中人与人、人与自然、人与自我在充分的自由的基础上达到最大的和谐和合作，最小的对抗和对立。

注释：

① 资产阶级哲学资料选辑第十二辑.《哲学研究》编辑部，1965：106.

② 同上，105.

③ Sidney Hook The Quest For Being and other studies in Naturalism and Humanism，St Martin's Press，New York，1961. p.28.

④ Robert B. Talisse & Robert Tempio Sidney Hook on Pragmatism，Democracy， and Freedom: the essential essays, Prometheus Books, New York, 2002. p.378.

⑤ 参见《自由的历史和其他论文》，劳伦斯和菲吉斯编（伦敦，1907），第3页。

⑥ 胡克. 自由的矛盾情况［M］，上海：上海人民出版社，1964：114—115.

⑦ 资产阶级哲学资料选辑（第12辑），《哲学研究》编辑部编，1965：134.

⑧ 同上，105页。

⑨ 同上，107页。

⑩ 同上，108页。

⑪ 同上，109页。

⑫ 同上，107页。

⑬ Robert B. Talisse & Robert Tempio Sidney Hook on Pragmatism, Democracy, and Freedom: the essential essays, Prometheus Books, New York, 2002. p.379.

⑭ Jaegwon Kim The American Origins of Philosophical Naturalism［J］Philosophy in America at the Turn of the Century, p.87.

⑮ Paul Kurtz: Sidney Hook Philosopher of Democracy and Humanism, Prometheus Books, Buffalo, New York, 1983. p.7.

⑯ Sidney Hook. Is Physical Realism Sufficient ?［J］The Journal of Philosophy Vol 4, No20, p.549.

⑰ 资产阶级哲学资料选辑［M］第十二辑.《哲学研究》编辑部编辑，1965：110.

⑱ Sidney Hook. From Question to Assertion［J］The Philosophy and Phenomenological Research Vol 7 No 3. p.439.

⑲ Christopher Phelps: Young Sidney Hook: Marxism and Pragmatist, Cornell University Press, 1997. p.161.

⑳ Paul Kurtz: Sidney Hook Philosopher of Democracy and Humanism, Prometheus Books, Buffalo, New York, 1983. p.14.

㉑ Sidney Hook. OUT OF STEP: A Unquiet Life in the 20th Century, Happer & Row, Publishers, New York, 1987. p.4.

㉒ 胡克. 历史中的英雄［M］，王清彬等译，上海：上海人民出版社，1964：186.

㉓ Gerald C. MacCallum, Negative and Positive Freedom［J］. the philosophical review, 1967, p.314.

第三章　胡克对自由何在的工具主义探究

在胡克看来，人类自由首先是一个事实，一个经验和社会中的事实，因此我们没有必要依靠自由的形而上基础来为自由的存在进行辩护，自由的存在不依靠形而上学基础，我们并不能从自由的形而上学基础上演绎出所有的关于自由的主张和观点，因此我们关于自由的认识论、方法论、政治哲学等观点的合法性和合理性并不能直接地从自由的形而上学基础上推理出来，而最终依靠自身理论的后果，换言之，当我们说我们应该如何认识、如何行动才能够最好的获得自由的时候，其主要根据不是世界和人的关系如何如何，而是因为那样认识、那样行动实际上会给人们带来更多更大的自由。但是，另一方面，我们也不能因此就认为自由不需要形而上学，因为我们的认识和行动都要在世界中进行，世界是我们认识和行动的范畴，我们不能超出此范域。因此，胡克指出，“形而上学虽然不解释任何事情，但是除非用它的概念或者成分就不能作出任何解释”[①]。人类自由必须有其形而上学基础，尽管我们不能从这基础上演绎出我们该如何自由地思维和行动，但是我们如何能够自由地思维和行动，总有与其相适应的形而上的基础。因此，胡克首先探讨了自由的形而上学基础。

胡克指出，要注意的是，这里所论及的自由并不是抽象的自由，而是专指现实的人在现实世界中的自由，因此这里所涉及的形而上学基础主要指一种人性论和世界观。这里也并不探讨任何普遍的世界观和抽象的人性论，而是围绕人类自由的状况，是对“关于自然的世界的一般特征”进行描述，确切地讲，是关于“渗透在经验到的存在中的那些特征，它们有关人类行为的理想形式以及人类智慧的道路的舆图的绘制”[②]以及对总是处于具体境遇中的人性所作出的分析和探究。胡克关于自由的形而上学基础的论著主要体现在《实用主义的形而上学》和《存在的探究》以及其他关于实用主义、自然主义思想的研究作品中。

一、自由与工具

如果假借康德的语言，那么探究自由的形而上学基础，就是要探讨人的自由在世界中是否可能，如果可能，如何可能的问题。为此，首先要探索人和世界的形而上学，人的形而上学和世界的形而上学成为自由的形而上学的底色。人类自由只能在这个底色上涂抹。

胡克发现，哲学家们从不同的视角出发，得到不同的关于人和世界的形而上学的观点，在此基础上获得许多相互矛盾甚至相互对立的自由观念，因此，要避免把它们看作是一种因人而异、言人人殊的、属于私人信念之类的东西，就要解决认识视角的公允性问题，寻找一个客观公正的探讨视角。因为只有客观的视角才能保证正确的认识。

什么是客观公正的视角呢？胡克发现有三种确定视角的方法。

有的哲学家主张将此问题诉诸权威，向哲学家请教，但是哲学家给出的却是各式各样、甚至相互冲突的答案，当我们对这些答案提出逻辑的要求的时候，我们会发现许多相互冲突的答案都能够自圆其说。这样就存在一个悖论：世界只有一个，对世界的解释有许多，它们相互冲突但是都合乎逻辑。因此，如果我们仅仅从理论出发，仅仅依照逻辑的标准来认识世界，那么我们往往是无所适从的。

感性经验主义者主张诉诸个人的感觉经验：我感知世界是怎样的，它就是怎样的。但是任何一个“我”总是存在于一定的时空中，“我”所看见的只是有限的事物，而不是世界，何况我不能保证我所看见的现象是否长久，当我说世界是 A 的时候，A 可能已经变成 B，我也无从知道别人所看见的是否和我所看见的一样。况且大量事实证明我所看见的常常是错误的、虚假的。

理性主义者主张诉诸理性推理，但是胡克指出，尽管黑格尔说存在的就是合理的，合理的就是存在的，逻辑的就是历史的，历史的就是逻辑的，但是理性推理毕竟只能保证它是人的逻辑，要说它一定就是世界的逻辑，要从内在逻辑演绎出外在逻辑，从思维演绎出存在，除了能够创造世界的上帝以外，是谁也做不到的。

但是，胡克指出，无论传统的经验主义者强调人的感觉经验，认为只有被所有的人们肉眼感知到的东西才能作为可靠的知识来源，此外，所得到的都是虚幻的知识，还是神秘主义者强调人的内在直觉，提出只有人人直觉到是正确的东西才是正确的，还是传统的理性主义者强调人的理性判断力，主张只有从理性演绎出来的真理才是最可靠的真理，它们都遭到了来自对方的攻击和由内部产生的瓦解：日心说宣告第一种立场灰飞烟灭，“上帝死了”让后面两种立场成为流离失所的孤儿。正如康德所指出的，这三种立场实质上都是“人类中心主义”的体现，但是康德并不因此放弃人类中心的企图，而是试图使之更加彻底。他将所有的拒绝“人类中心”的事物流放到一个不可知、也不必知的世界，同时建立一个纯粹“人类中心”的世界，人类在此世界中尽情演绎他们的梦想和蓝图，而黑格尔则进一步把所有的世界都变成“人类中心”的世界。因此并没有克服其局限性。但是，另一方面，要看到的是，这三种立场也暗示了作为公允的认识视角应该具有的两个标准：在形态上有其物质体现；在思想上能够获得人们的一致认可。胡克在这两个标准之外加上了第三个标准，即在行动上能够得到预期效果。因为语言中的真诚最终要依据行动中的真诚来证明，效果是人们内在认同的判断与事物自身的运行规则的统一，因此如果说前面两个标准分别考虑到人的因素和物的因素，那么第三个标准则考虑到人与物交接的因素，因此这三个标准应该成为检验认识的公允视角的要件。

那么什么符合这三个标准呢？胡克指出，由于我们的认识从来都不是客观的，我们对世界总是有所选择的，我们的兴趣、爱好、情感等都会影响我们对世界的认识。因此世界向我们所暴露的，和我们所看见、所想到的往往并不一致，这正如康德所说的，我们对世界的认识从来不是对世界自身的认识，而是对“我们所构造的世界”的认识。因此认识的过程也就是构造认识对象的过程。所以我们从认识自身是不能解决对外界的认识的，我们直接面对世界，拷问世界，是不能获得关于世界的真正知识的。无论某人的感觉经验、内在直觉，还是理性推理都不能为我们提供客观公正的世界知识。

同时，海登堡的测不准定理提醒我们注意到一个长期被忽视的事实：我们实际上从来不曾直面事物本身，我们与事物所发生的任何联系都离不开工具这个中介，工具成为连接和嫁接人与其世界的必不可少的桥梁，我们通过工具认识世界，认识自身，改造世界，改造自我，世界通过工具与我们进行作用与反作用循环往复的沟通和互塑，因此工具记录了我们与世界之间的所有关联的信息。既然我们所能够认识的只能是通过工具来获得表达的“我们的世界”和“世界中的我们”，既然我们通过对工具的分析而获得的认识，既可以超越感性认识的变动性、时空局限性、对认知者个人因素尤其是其非客观因素的干扰和限制，又可以摆脱理性认识的僵硬性、空洞性和强制性，既像感性认识一样保留情境性，又像理性认识一样具有内在客观性，因此它比其他方式具有更高的可信度和确定性。既然工具不是别的，就是我们用以认识世界、控制世界来满足我们的目的的中介，是我们和世界交互关系的成果和见证人，就应该把它作为认识的客观视角。

从自由的角度看，胡克指出，如果依照哈特曼给自由的定义，即“从本体论上来理解，自由是在一较低（较不复杂）的规定之上的一种较高（较复杂）规定的独立性的范畴形式”[③]。那么，只要一个存在领域不能从另外一个存在领域中演绎出来，就可以说存在各种程度的形而上的自由。而正如科学家和哲学家等所公认的，人与别的存在物的本质区别突出的表现在人能够制造和使用工具，因此制造和使用工具，成为人的自由的一个标志性的特征，因此，工具不仅是人的自由的一个最有权威的见证和产物，也是剖析人的自由以及人与世界的关系的一个最公允的视角。

这一切奠定了工具作为探究自由的形而上学基础的新视角的正当性和优越性。

什么是工具？胡克并不想赋予它一个哲学的定义，但是认为它的定义中至少应该包括杜威为“用具”下的定义即“用来作为达到某种结果之媒介的东西”，以及罗吕教授对“机器”的定义即“一组适当配合的对抗体，借着它们的作用，自然的机械力量可随着某种特定的运动被迫工作”，因此工具的范围是非常广泛的。

在胡克看来，显然我们使用的任何工具首先都是作为一种记号而存在，像所有别的记号一样，工具指示三种截然不同的所指：（1）对某些促成其作为用具的构造和存在的思想或直觉来说，也就是，对某些支配其运用、措施和解释其意义的计划和心中的蓝图来说，它是一件工具。（2）对某些它所适用的实体集合或者关系范围来说，它是一件工具。(3)就其形式、安排或结构来看，并且，正由于其形式、安排或结构，它是一件工具④。胡克以钥匙为例详细的揭示了工具的这三种记号所指:(1)其目的在于使人接近或者阻止人接近某些空间、权力和可能享有的东西。(2)只有当它有以一定方式发挥作用的锁或者机械装置的时候，它才是有效用的。(3)钥匙的造型必须与锁或者机械装置相符合，否则我们依然打不开这个门。因此，从工具中我们能够发现人的目的、作用对象的关系集合和工具自身的形状。这表明，工具化了的自然，可以说是成长为或者已经导致自我意识的自然。因此，通过对工具的分析我们能够认识我们自己、我们的世界以及我们与我们的世界的关系，尤其是人在世界中的自由的位置，因为作为工具的物件也许是天然就存在的，但是就它成为人的工具而言，则不是天然的，而是打上了人的目的，记载了人在世界中奋力赢得自由的成败历程，对此，胡克指出:"虽然工具曾往往是奴役人的手段，但是就它们出现于我们的社会环境这一方面来看，它们是答应使人获得自由的。"⑤工具并不是与人的自由无涉的，而是人们用来达到对对象进行控制和理解的手段，是基于人的追求自由的目的才成其为工具的。

工具既是自然物品，也是精神产物，是意识化的自然和自然化的意识。它与自然系列相连又和意识相贯通，因此它比人更客观的反映世界，比世界更客观的贴近人，

因此，为了方便研究，我们可以依据胡克所探析出来的工具的三种所指来为工具下一个暂行的定义，即"一个工具就是一个依靠自身的独特的形式、安排或者结构及其功能而被人们用来对事物进行作用，以实现人们控制和理解此事物的目的的东西"，依据这个定义，不仅机械装置等物质的东西是工具，而且心灵、观念等精神性的东西也具有工具的属性。这后一点也是对康德在《纯粹理性批判》中，对范畴的工具性功能的分析的洞识的推广。

在胡克看来，工具的范域就是我们的认知的范域，就是我们自由的范域。因为工具是我们用以控制和理解事物的中介，而所谓自由也就是体现在能够控制和理解对象。工具暗示人和世界的特征，如果没有工具，就不可能有与无目的的欲望和冥想有别的客观化的意义，凡是工具不适用和无用的地方，就永远找不到意义，在一个混乱和含糊不明的世界里，是不可能有工具的，我们就会既不能理解，也不能控制；在一个不变性和僵硬性的世界里，我们是不需要工具的。我们会能够理解，但是不能控制[⑥]。但是，工具的范域就是存在的范域吗？对此，康德是持否定的态度的，他坚信工具的领域只能是现象界，而另外一个工具不可达到的世界即物自体的世界同样是客观存在的。胡克反对康德将世界二分的做法，尤其反对他将世界二分为奉行完全不同运行规律的必然世界和自由世界，在胡克看来，康德所谓的两分世界的存在既是不能证明的，也是不必要的，无意义的，显然如果存在一个我们根本不能用工具来作用的世界，一个没有必然性没有规律的我们不能认知的世界，那么它对于我们的自由来说毫无意义可言。实际上，我们所能够知道的、能够作用的、我们的自由在其中大显身手的世界只能有一个，这是一个必然世界和自由世界同一的世界。这种同一，不是上帝安排的，也不是预定和谐的，更不是必然如此的，而是取决于人们的努力而逐步朝向发展的前景。凡是我们能够知道的世界，就是我们的工具能够达到的世界，就是我们依靠努力，可能实现自由的世界。

胡克指出，把工具作为洞察世界和人的关系的新视角，这并不是根据不足的。因为工具不仅显示存在的比较被人熟知的表面特征，而且如果我们把它当作指导原则而听从它的指引，便可证明和真实经验材料中大量贯穿着的其他组织原则或者逻辑联系的存在。人和世界是通过工具发生关系的。人是通过工具来认识和改造世界，世界也将其性质以及和人的关系沉淀、暴露在工具中。工具俨然成为一个活化石，人和世界的真实关联都冷却在其中。每一个工具似乎都可以再现人们制造和使用这种工具时候的情境：人的渴求和困境、世界的倔强和屈从、人和世界由对立到和谐的进展。工具是人和世界所展开的惊心动魄的博弈的道具、见证者和记录者。从这个角度讲，一部工具史就是一部人类争取自由、扩展自由和实现自由的历史记载。

二、自由与世界特质

如上所说，每一个工具都出现于不同的情境，对工具的探究会发现，工具在某些情境指出、解开和关闭种种的不连续性，而在另外一些情境中则预示、发现和构成有系统的秩序和连续性，既然工具是人用来调解人与世界的关系，以恢复人与世界之间的连续性，因此工具的存在预设了（1）人的目的的存在；（2）对象的一定的关联关系的存在；（3）人们能够设计或者利用一定的工具来改变或者引导对象朝向一定的方向发展的能力的存在；（4）尤其是，世界的发展趋势并不是和人的目的倾向天然连续的，或者说天人不是天然和谐的。并不存在一种看不见的上帝之手，预先安排了世界包括人与其环境因素的天然和谐。因为如果没有人的目的的存在，工具就没有存在的必要性，就不会被选择和运用，即使被选择，也会由于缺乏动力和方向而不能有效发挥工具的效果。如果没有对象在先的一定的关联关系的存在，工具也就不可能发挥理解和控制的作用。如果没有人们能够制定记号、使用工具的能力，工具也就只能成为一种潜在的可能性，而绝对不可能成为现实性。如果不是因为世界和人之间存在的不对称的关系，工具就成为一种多余的东西，而不复存在。

因此，胡克指出，关于人的世界，我们通过工具可以获得以下认识：

首先，世界是客观存在的，世界不可能是完全由人们通过工具来创造出来的。主观唯心主义过分的宽大人的心灵的功用以至于把世界所有的规律看作是人的心灵的产物，而世界自身顶多成为被动的质料，完全听任人们随心所欲的赋予其形式。而工具证明不仅世界不是如此，而且心灵也不是如此。如果世界是人们主观的设想或者逻辑的构建，那么我们就不需要用外在的工具来协调外在的世界和内在的人的目的的冲突。因此工具的大量存在和普遍被应用证明世界不是内在的虚构，而是客观存在的。另一方面，确实工具的任何运用都受制于人的欲求，而人的任何欲求都是产生于人的心灵，就心灵能够对世界有所作用的角度而言，心灵是有创造性的，但是它的创造性的实现是受制于世界所不可抗拒的规则和力量的。因为显然并不是任何心灵的狂想都能够成为现实，而且心灵并不是一种神秘的天外飞客，它同样是一种我们用以达到一定目的而采取的工具，是我们肢体工具的延伸，既然心灵是工具性的，是针对已经存在的人与环境的冲突而调动的，是在一个留有变动不息的事物和事件的痕迹的世界中发生作用的，因此它不可能曾经创造出这世界的。既然工具是起改变作用的东西，它就不可能产生或者消灭它所改变的东西的存在，因此世界是在先存在于人的心灵之先的，不是人的心灵的产物。不仅如此，由于人的心灵的活动，即思想是某种自然的产物——人脑的结构的职能性活动，因此在某种意义上，心灵是世界的产物。即使承认世界的基本素材和普及的特征除非由于自然生长过程中的规律或者偶然性是不能改变的，即使承认自然除非依靠自然的手段是不能转变的，这也只是强调了这样一个事实：心灵能够赋予自然的手段以意义，并且作为意义，对我们能够影响的那些改变和转变提供动力和方向。因为题材为工具提供它所适用的机会和限度，所以工具可以自由发挥作用。也就是说，世界中的任何事物都可以有一定的秩序，独立于上帝、人、工具或造物主的力量之外。但是，当工具应用于那个秩序时，它就成为有意义的秩序了。尽管这种“意义”与“秩序”有别，但是只能在那个秩序以内找到。因此尽管工具能够赋予它们以意义，但是事物自身的秩序则决定工具的出现及其成效性，也就是说决定意义范围的可能性和出现，总之，工具表明世界是客观存在的，构成世界的万物都是具有一定的结构和功能的。如果没有结构，工具就不能与它发生联系，如果没有功能，工具就不会与它发生联系，因为工具的目的在于解放、扩大或者重构其功能，而不是赋予其功能。

其二，世界具有一定的客观规律，事物之间存在一定的必然关系，同时偶然性和无序性与必然性和秩序性交叉并存，这意味着世界不可能是纯粹逻辑的产物，也不可能是封闭的、完整的。“每一件用具、器械或者装置都重述世界的性质的一课——它的规律和偶然性错综交叉的状态，它的成宇宙秩序的癖好，它的插话式的和反复发生的那种突出的特性。”⑦ 当工具运行无阻时，这是由于在那些看起来是凝聚的或者流动的东西中有秩序的反复和承续；当工具停滞和受到阻碍时，意味着某些新的事物的出现，因此工具对事物在社会效果中的潜在意义是有灵敏反应的。它并没有发现，事物的自然结构是紧锁在一个完整的、密闭的体系中，而是发现我们的世界对于我们来说常常是一种有根据的冒险和赌博，它的规律性是我们获得自由的依靠，它的偶然性使得我们对自由的获得不可能是一劳永逸的，我们的工具选择、我们的欲求的实现、我们对具体事物的把握都只能根据具体的情境来开展，我们对具体的事物的认识都只能作为行动的信念，而不能作为绝对无误的真理来应用。

其三，因此，世界绝不是一个设计好的环环相扣、不可更改的机械装置。世界和人的关系不是天然和谐的，而是存在断裂的。这种断裂是普遍的，不仅存在于人与自然界，而且存在于人与人的世界、人与自身的世界。因为从对工具所出现的情境的分析可知，一件工具是存在中感觉到的缺乏的标志，同时它也是这种缺乏终将得到制约和被消除的希望。

工具的存在就是无联系性和不定性的雄辩的证据，因此凡是工具出现的地方，都意味着人与其环境之间发生冲突，存在连续性的断裂，由于我们所发现的工具普遍的存在世界的一切领域，因此断裂也是普遍的。但是工具的成功应用也证明这种断裂依靠人的努力也是可以克服的，而不是不可改变的。其次工具在具体应用中的失败，也从正面证明宇宙这盘菜肴里是加了偶然性这种调料的，因为工具的成功使用，是借着揭露和提出某些固定性和连续性来着手融合题材中的中断和分散。它的成功操作受到凭自身权利而存在的某些不能改变的特性、固执的倾向和难以压制的性质的限制，而工具的失败，证明工具并不是作为世界的一分子，而成为人与世界天然和谐的一个预先安排好的环节。

其四，世界的发展并不是与人的目的必然一致的，但是发展蕴含着可能性的限制。虽然人是世界的产物，但是世界不仅仅为人而存在的，尽管哲学家总是因为人有理性，而设想人是上帝的宠儿，理性是解读世界这本书的法宝。宗教家认为人是上帝仿照自己造成的，因此上帝总是将它对人的偏爱表现在宇宙中。但是工具告诉我们世界不是围绕着人转动的，也不是围绕着理性运行的，实然不是与应然、必然心心相印的。世界既不是善的也不是恶的，世界就其自身而言，在道德上是中立的，世界按照自己的规律运行，因自己的偶然性发生中断，这种中断不是时空上的空档、不是运动的暂停，而是相对于以前的有序，变成暂时的无序，或者产生新的秩序。不仅世界的突然变动而且世界的平稳流动都对人的利益呼吁麻木不仁，如果世界的运行有其规划的话，那么人从来不是其中一个独特的要关照的事项，它并不享有与别的事物有别的地位或者关照。但是，人可以自己改变了人与世界的关系，将自己从别的事物中凸显出来，赢得自己在宇宙中的地位。人可以运用工具将世界改变的更善或者更恶。这种改变，因为是作为自然的一部分的人运用作为自然的成分的工具按照自然的必然性作用于自然的其他事物，因此也应该属于自然内部的变化，这种转变不是规律的转变，而是方向的转变。这种转变之所以成功，归根到底，是因为它不是要改变规律，而是让规律引导规律，让世界的连续性与人的目的的连续性相调和。因此，在此过程中，“自然的、偶然的倾向结局变成了实践的、有意义的终极目的”，历史的连续性并不因此中断，而是发生分化和受到选择。它们仍然是隐藏特殊性的结构支柱，并提供证据以界说那些特殊事物的关系。但是，工具是唯一探索选择影响范围的钥匙，这种选择虽然巢居在那些连续性中，却一直没有受到它们的孵育。人的自由的工具活动填补了世界的运行与人的运行之间的裂缝，这种裂缝再度证明人的自由在世界中的本体论地位。

其五，既然偶然性的存在打断了对世界的单线条的构思，世界自身的发展就是有着断裂、裂缝的，作为世界的存在物的存在具有一定的频率，可能性是多元的，而现实性是一元的，因此世界的多元的可能性随着存在通过偶然性和规律的作用而获得固定的特性和趋势，而愈来愈要求在大多数方向上限制可能性，而在其他方向上促进可能性，也就是说，其自由的程度愈来愈受到限制，通过生长和行动，明显的可能性让位给无条件的确定性，因此只要我们把握这种可能性的必然性，就可以充分的解放可能性，从而推动或扭转其可能性的发展方向，将它与自己的目的融合在一起。当人的工具性活动介入这个自然的连续性成长的断裂点，填补这个裂缝的时候，它才是最有效的。因此工具的成功介入和成功运作不仅是人的目的的需要，有时候也是世界自身有序的发展的需要。这意味着世界要成为一个有序的、有意义的世界，需要人的自由的活动，尤其是工具性的活动的参与共建。这并不是说如果没有人的参与，世界就不会发展，也不是说世界的发展是可以由人自由安排的。而是人只有在遵从世界的规律性和必然性的前提下，才能成功地参与世界的共建。在此共建中，人永远不能改变事物的手段和目的、原因和结果的自然适应性。人可能改变的只是通过增加或者抵消或者改变参与世界的发展的因素构成，使得这种发展的方向朝着有利于自己的方向发展。也就是说，世界的发展其实是开放的，它不是单一的潜能转化为现实，而是有着多种可能性的前景的，但是它的每一个现实化的表现都应该可以从其自身来得到说明。也就是说，世界只服从自己的内在目的，而不是外在目的，只有当人将自己的目的与世界的内在目的重合，才也可能参与到对世界的发展方向的影响。因此，人和世界的和谐关系最终取决于人们去发现人的目的和世界发展的纽结点，并利用这个纽结点而把世界改造为一个合规律性和合目的性统一的世界，即自由的世界。

三、自由与人性

胡克指出，哲学独到之处在于将一种人的概念加入思想中来，因此不同的人的概念也就成为不同哲学区别所在以及作为鉴别其价值的根据所在。大体而言，胡克指出，存在三种不同的人的概念：超自然主义的人道主义、还原主义（机械主义）、自然主义的人道主义。超自然主义的人道主义认为人是与自然物完全不同的、有其超验性来源的生物，应该用与对待自然物完全不同的方法来对待人，人的本质和独特性在于其心灵，灵魂是不朽的，肉体是精神的枷锁，因此人的自由在于摆脱肉体的束缚，从精神上获得自由，人应该以追求灵魂的不朽和道德的提升为目标，而不应着眼于对外在物质世界的作用，因为物质世界是暂时的、虚幻的，精神世界才是实在的，永恒的。超自然主义的人道主义承认存在两个奉行不同规则运动和真理的相互断裂的世界存在，人的自由与物质世界没有关系，取决于上帝的安排。还原主义恰恰相反，认为人是与别的自然物没有本质区别的生物，完全可以将人的活动还原为物理机械活动，应该用物理科学的方法来研究人以及研究人与人的关系，不存在两个世界、两个真理、两个方法。如果存在人的自由的话，那么它也与物体的自由无别。自然主义的人道主义既主张各个领域的科学分析是有连续性的，又强调经验的不同领域具有多元性和质的特殊性。主张“要从人的自然和社会环境来考察人的问题，同时在检查所有理论论点时要研究的是它们的经验上的后果，而不是它们所预先假定的前提。”[8]它既不把人看作是超出环境之外的孤独灵魂，也不把人看作是屈从于环境的物品。

既然工具不仅是人的世界的特性的记号，而且是世界中的人的活动及人性的记号，那么同样可以从对工具的探析世界中的人，从而为正确的人的概念确定形而上学的基础。

首先，作为工具的事物并不都是作为工具而产生和存在的，自然界中的一棵树就其自身而言只是一棵树，但是它之所以被作为枕木，是因为它潜在的具有满足人们对枕木的需要的特性，因此作为工具的事物首先意味着世界中的人是一种充满欲求和目的的生物，正是这种欲求和目的促使事物变成工具，而赋予事物以意义和价值。工具在形状、功能等方面呈现的丰富多彩证明人的欲求和目的是多样化的，工具总是在一定的情境中被使用，工具的意义要通过这种情境才能获得合适的理解，这些情境总是可以在外部世界中有所显示的，这些证明人的欲求和目的并不都是内在的，而总是要指向外部世界的，要在其具体的自然和社会环境中展示出来，获得满足，因此人的欲求和目的是具有实践指向的，是情境的，世界中的人不仅不是对现实世界不闻不问、无欲无求的纯粹的思考者，而是不仅充满多样化的欲求和目的，并且通过工具来使得这些欲求和目的在现实的世界特别是生活于其中的具体的自然和社会环境中获得实现和满足。

其次，事物之所以成为工具，最终要通过人的实践活动来实现，没有人的实践活动，事物永远只是潜在的工具，而不是成为真正的工具，因此人的实践活动的过程就是赋予工具以意义和价值的过程。一块石头，究竟是用来作为砌墙的工具还是作为伤人的武器，这些要取决于人的操作，任何工具都蕴含着过去的、现在的或者将来的人的实践劳动，没有后者，工具就不成为工具，由此得到的认识是：世界中的人总是一个实践者、劳动者、行动者，其行动、劳动、实践的过程同时也是工具被操作的过程，因此，他是一个劳动者，一个使用工具的人。

但是并不是所有的工具都是大自然中的天然物，因此这些工具只能归之于人的创造。大自然并没有为人类提供汽车，但是汽车的每一个组成部分和使用原理最终都可以从大自然中寻找到依据，同样任何人造的工具都是如此。任何人造的工具都不是固定不变的，而总是在不断改进不断完善的，现有的任何工具都有其成长的历史，在这些成长中我们发现有的地方得到保留、有的功能被扩展、有的被削弱甚至被抛弃、有的被补充，这些变化与其所使用的环境存在一定的对应性，因此它反映了人的欲求和目的与其环境之间的调适程度和过程，这些证明世界中的人不仅能够制造工具，而且他对工具的制造和改进总是要对其欲求与其环境之间的关系做出灵敏反应的，而不是由纯粹的内在趣味所决定的。

这些同样表明人不仅是一个充满欲求和目的并且被这些欲求和目的驱使去行动的人，而且是一个能够依靠理性来适应和改造外部事物，从而扫除障碍，达到目的的人。但是并不是所有的事物都会臣服于人的理性，我们发现人类所制造的工具并不都曾经成功的兑现了人的目的，我们发现针对同一个情境和难题，曾经发明出大量的工具，其中许多都很快被放弃了，有的虽然被长期使用，但是当一个更新的工具出现以后，立刻就从该工具历史的舞台中销声匿迹了，在每一个成功的人造工具的后面都有着大量的失败的实验品，一些工具仅仅在人类历史的某一个瞬间被使用，一些工具则被大量的复制、广泛的推广、普遍的应用，尽管每一个工具都是人类理性的产物，都曾经在一定的情境中被使用，但是工具的命运并不都是相同的，这些表明人性并不是固定不变的，人的欲求和目的并不是凝固的、静止的，而是发展、变化的，是不断成长着的，它的成长受到外物的刺激，它的成长的方向并不是固定不变的，而是多元化的，当一个欲求和目的得到满足的时候，它继之可能会产生一个更高的要求，当后者受到挫折以后，它会通过改进工具来消除挫折，当挫折始终不能消除的时候，它会在修改欲求和目的的基础上尝试新的克服办法。在欲求和目的的设计和安排上，它是能攻能守，进退自如的，但是他不变的目的和最终的行动结果是其改造环境的工具越来越高明，控制环境的能力越来越高超，得到实现的目的和欲求越来越多，自由行动的空间越来越大。

但是，胡克指出，工具之所以会被人创造和使用，并且能够发挥作用，有效的调整人与其环境之间的关系，实现二者的和谐，其必要前提有二：（1）人与其环境之间一定不是连续的，而是存在断裂的，否则工具就是多余的，因此不可能存在。（2）人与其环境一定是可以实现连续性，也就是说，它们之间存在潜在的连续性，这种连续性需要依靠作为中介的工具来达到，否则工具就无用，因此仍然是多余的。由于人的欲求和目的是一种内在的东西，而物质工具总是一种外在的东西，因此在二者之间应该存在一个居间的连续体，它既可以沟通人的内心世界，又可以以一种物质的形式呈现出来，与外在的物质工具、物质世界相连续，这种独特的工具，胡克指出就是我们的语言、思想等非物质性的工具。

我们发现，人所创造出来的工具不仅包括物质工具，还包括大量的语言、文字、文化等，像物质工具一样，我们发现这些语言等工具也总是在一定的情境下产生和运用的，但是与物质工具不同，这些精神性的工具并不是直接作用于自然界中的事物的，而总是导致人运用一定的工具，采取一定的行动去作用于情境，因此它是间接的作用于自然界的，这不仅表明人能够制造符号、记号等非物质类型的工具，而且表明这些工具同样具有作用和改造外部自然界的指向的，因此并不是脱离于具体的人所生活于其中的情境的，而是其中的一个部分，要从该情境中人与环境的关系整体中获得理解，它往往作为一种行动的预示、计划、安排等间接作用于人的环境，并且同样会根据行动所导致的效果与人所欲求的目的之间的关系做出调整或改变等反应。

因此，与物质工具一样，语言等非物质工具之间也是存在一定的连续性的，作为工具，它们与物质工具之间也存在一定的关联式的连续性，都是围绕着人的目的与环境之间的紧张关系而展开，并根据行动的后果作出关联的调整，其间没有任何中断，进一步来观察和理解工具之间的这种连续性，胡克指出，我们把人看作是一种有心机的哺乳动物，并不是什么想入非非的事情，显然，手、眼、耳是我们用来拿、看、听的工具，当我们需要控制我们的手、眼、耳不及的事物的时候，各种放大仪器或显微仪器就被制造和使用，当我们想要超越这些仪器所提供的片断的信息和资料的时候，我们的思想或推理就作为一种更有效的工具插入进来，使得我们能够超越时空的限制，发现和控制那些时空不可及的事物。因此物理的机器是辅助的肢体、延伸的器官，而心灵和思想则是延伸的物理机器，因此同样是围绕着人的目的与环境的关系而展开，并以实现后者的调适为转移的。

进言之，人并不是一种与别的自然物截然不同的存在物，而是自然的一个有特色的一部分，像别的自然物一样，人作为自然界的一部分，完全有其自然来源和自然归属，它总是置身于自然之中，在自然界中活动，其一切活动都是为了实现自己的成长，将自己的潜能充分实现出来，但是由于自然界并不是以人为中心尺度来安排的，因此人的成长与自然界中其他人、其他事物的成长常常发生冲突和对立，因此人常常要承受着自然环境和社会环境以及由此所激发的内在环境的压力，人的一切都是基于这个前提而产生。但是人又与别的自然物不同，其独特之处在于：人能够通过制造和使用工具和记号，通过运用理性和理智的行动来主动的调适这种冲突和对立，通过与环境的互动来满足自己合理的需要和欲求，“人，作为一个自然界的生物，能够通过自然界的手段适当改变自然界”，将它改造为一个合理的世界，而既不是听任自然的习惯运行，让大家在对立和冲突中一同毁灭或者被对方毁灭，也不是无条件的撤退，抑制自己的成长，而是奉行人不是万物的尺度，万物也不是人的尺度，利用自然界的力量来控制自然界，达到对其环境的控制和利用。

就人的行动而言，一方面作为自然的一部分，人只能在自然的框架内活动，另一方面，作为欲望和理性的存在物，人又借助自然的力量通过实践来改造自然的一般趋势，将这种自然的无目的的趋势改造为合理的秩序，在胡克看来，这就是人独特与其他生物的地方所在，因此既是人的命运所在，也是人的尊严和使命所在。从这个意义上说，人从来都不是传统意义上的超然于环境之外的纯思的动物，人不是环境的旁观者，而是环境的承受者和改造者，思想不是超验的，而是在一定的现实条件下作为一种高级工具而出现，心灵和思想不是超出或分离于人的行动的需要之外的，而是人的行动的工具和手段，应该把人的思想活动和其他活动纳入到人承受和改造环境的整体中来理解，思想不是在环境之外，而是以对环境的改造和满足置身于环境中的具体的人的具体的需求为中心的。也就是说，思想是应实践中的问题产生而产生，因问题的解决而停止的，实践（行动）对于人来说才是第一位的事情。

四、人类自由的位置

基于以上世界观和人性论，胡克指出，我们可以找到人类自由在世界中的真正位置。

如上所说，世界是潜在的多元可能性地发展着的，世界从来都不会停止前进。当它没有受到人为因素的影响的时候，它会依靠自身的发展惯性而发展。同样，人也是潜在的多元发展方向的，人也从来不会停止前进，当它没有受到其他人为因素的影响的时候，它会按照习惯运行。但是，我们发现这两种惯性运行常常发生冲突，导致二者不能同时进行，这种冲突的结果往往是人的受束缚状态，人们为了摆脱这种状态，常常采取三种方式：对抗方式、调和方式、屈服方式。前者表现为人们试图完全自我中心的单方面的命令、支配世界，以让对方毫无条件的屈服在自己的目的和活动之前，当这种努力失败以后，又往往转入人的内心世界，在想象的空间中为所欲为的支配世界。这种完全以自我为中心的做法，其结果往往都是以失败告终。与之相反，另外一个极端是完全屈服于外在世界，完全以外在世界为中心，随波逐流，在胡克看来，这两种态度都不能实现人类自由。因为人类自由是合规律性和合目的性的统一，如果不合目的性，那么就不是人的自由，如果不是合规律性，那么就是虚幻的自由，而不可能是在世界中实现的自由。人不是万物的尺度，同样万物也不是人的尺度。人类自由存在于万物尺度与人的尺度的交接点，因此，人类自由存在于人和世界的调和点。工具就架起调和的桥梁。

对世界和人的潜在发展的可能性的认识，是取得人类自由的关键点。只有这样，工具才最有可能的实现人类自由。因为工具自身并不能产生人的目的，但是它能够帮助产生、修改、激发人的目的，工具不能改变世界自身的规律性，但是工具在所有这一切中都是有双重选择作用的。它仅仅努力将那些作为它所开始着手的事物状态的自然实现的可能性变成现实，从那些与自然相关的可能性中，它挑选那些与人相关的可能性——人的偏好的实现。我们知道人对偏好的判断从形而上学上讲，是最终的，因为它们从来不能影响所偏好的事物中的手段和目的、原因和结果的自然调适关系，判断的价值性也从来不能从所偏好的事物的性质中推理出来。

为此，胡克批评了康德的自由观念，康德认为在外在世界中是没有人类自由的，人的自由只能存在于道德世界，是一种意志自由，这种自由的独特点在于人为自己立法，在自然界中人必须服从自然界的规律，因此是他律，而在道德世界中，人可以只服从自己的法则，因此是自律，因此是自由的，按照自由意志而行动的人是自由的。

针对康德的自由观，胡克指出，根据以上对人的认识，人的情感、意志、思想等都不是与其生活于其中的具体外在情境不相干的，而是其整体中的一个组成部分，人立法的目的总是要出于消除行动中的障碍展开的，并根据其效果做出调整，而人的行动总是在外部世界中进行的，正是在外部世界中人遭遇此环境中的其他人与物，正是基于大家的成长所出现的多元指向所产生的冲突和对立，这种冲突阻碍了大家的行动，因此才产生自由的要求，才产生立法的必要性，立法的目的是为了实现利益相关者在现实的、具体的外在世界中的自由，而不是超验的、抽象的、精神性的世界中的自由。

由于人不是世界的尺度，因此按照我自己的自由意志而行动并不能够实现自由，因为与我发生冲突的事物和他人的“意志”既不是与我的意志和谐的或者预定和谐的，而且也不是能够由我预先立法来规定的，只有当我与它们通过行动或语言进行试探性的交流，才能发现彼此在此具体情境中的成长所向，从而寻找到事物的自然潜在趋势和人的多元目的的交接点，为此调整自己的行动规划，从而在此点上实现自由的目的，也就是行动的无障碍，欲求和目的的实现。因此人所要解决的与自然物的调和并不是与他人的调和活动是完全不同的两种活动，要遵守完全不同的法则，而是实质上说类似的，从程序和方法上看具有类似性，而且这两种活动并不是分离开的，因为常常是物的纽带将人与人联系起来，构成人的自由的障碍的不仅有物，还有他人以及自身。

确实，事物的规律性是不变的，但是这并不意味着因此人就不能控制和改变事物，因为事物的发展趋势并不是唯一的，因为它是所有参与该事物发展的具体情境中众多因素的规律性综合的结果，因此虽然我们不能改变事物的规律性，但是我们可以通过加入或者减少一些因素到其发展的情境中，从而利用这些因素的规律性的综合，使得其实际的发展趋势朝向有利于自己行动的自由的角度发展，因此，人在外在世界中的自由是完全可能的。规律性不是自由的障碍，或者说人只有在屈从于自然物的条件下，才能在外部世界中获得自由，只有充分的发挥理智，规律性不仅不会成为自由的障碍，而是自由的工具，人完全可以充分利用自然物的规律性，以一种不是委曲求全而是主人的姿态对自然界发号施令，将一个必然的世界改造成为一个自主的安排的、具有合理秩序的自由世界。

胡克同样批评了“自由就是随心所欲的行动”的流行观念，认为人在世界上的自由并不是随心所欲的行动，因为我们的欲求和目的与外部世界并不是天然和谐的，因此随心所欲的行动往往是行不通的，不是自由的，而是不自由的。自由恰恰在于克服随心所欲，不仅要克服自我的随心所欲，而且要克服他人他物的随心所欲，世界不以人为中心，也不以物为中心，而是没有中心的，物的发展趋势是多元的，人的欲求同样是多样的，因此随心所欲不仅在世界上行不通，就对自己而言也是行不通的，我们所追求的理想和目标是多元的，而且在具体的语境中常常是相互冲突的，因此我们常常被自己的多样性的欲望所困扰，陷入彷徨不知所措中，因此随心所欲不仅与世界捽跤，也与自己捽跤，自然不可能是自由的。

那么，人的自由在世界中的位置何在呢？人的欲求的现实指向使得自由决不满足于仅仅是一种内在的精神性的事件，而要求是一种在外在世界中能够观察到、体悟到的客观事实，但是外在的世界（包括人）并不是一个安排好的井井有条的和谐统一体，因此人在世界上的一切行动都是自由，而是一个存在断裂、充满混乱和冲突的世界，无论人还是物都不是其运转的中心，因此人的自由并不是一个现成的、等待人们来享受的活动，而是一个有待人们来努力争取的成果。尽管外在世界没有为我们准备好现成的自由，但是却为我们的自由提供的必要性和条件，自由的必要性由于世界的断裂而生，自由的条件则基于世界的发展不是封闭的、而永远是开放的，构成世界的事物都是有结构，有其规律性可寻的，而人是能够充分的利用工具进行理性的认识和明智的行动的，无论人的内在欲求还是物的自然趋势，都是可以在行动中得到调节的。

自由的位置何在？在胡克看来，人类自由的位置就在于世界的断裂处，在于人依靠自己的理性的认识和理智的行动，在对相关各因素的成长趋势的认识下，在平等尊重各因素的成长要求下，通过工具的作用和行动中的协商，在事物的多元趋势和人的多样性欲求中寻找到交接点，通过行动，推动世界朝向此交接点的方向发展，从而参与世界的共建，在此交接点上实现自由，由于这种自由对于相关各因素而言，并不是与其目的或趋势是背离的，并不是外在强加的，而是在自己的欲求和趋势之内的，因此是平等的自由，是共同实现的自由。因此，人的理性行动所实现的是共同自由、是具体情境中的共同和谐。

总之，在胡克看来，人的自由在世界上，无论自然界、社会界还是精神世界都是有其本体论位置的，要注意的是，这里的本体论不是独霸式的，而是协作式的，它指的是，人的自由可以参与世界的共建。没有人的自由参与，世界依然能够存在和发展，但是有了人的自由地参与，世界则可以变得更好或者更坏，世界的发展将不止是一种自然的生长过程，更是一种意义的成长过程。

因此，人的自由获得其本体论位置，归根到底是由于世界是交织着规律和偶然，是由于世界既有其一定的结构又有其断裂。人的自由在于对世界的必然性的认识和利用这种必然性来填补这种断裂。因此，人类自由的最终目的是为了实现世界的连续性和人的目的的连续性的和谐，即广义的世界的最终和谐。在胡克看来，这种理想不是不可能实现的，而是不可能完全实现的，这不仅因为“在一个散布着偶然性和活跃着可能性的开放的宇宙中，人类自由的生活，不仅仅是一种有组织的事业，它也是一种生气勃勃的冒险”⑨。而且因为生活的最终悲剧性。最终的完全和谐的不可能的，因此最终的完全的自由是不可能的，但是倒数第二个完全的和谐和自由是可能的。要实现最大化的自由和和谐，依靠我们对必然性的认识和对合理性的欲望的控制，以及按照必然性行动的道德勇气和行动的智慧。

在胡克看来，世界和人都不是完成了的，而是在形成中的，胡克讥笑了亚里士多德的潜能－现实的思想，指出世界和人的形成前景的多元性，究竟世界和人会成为什么样子，这不是由其单一的潜能所预定了的，而是双方的调适的结果，在此过程中，人的能动性起了决定性的作用，因此人天生的由于其独有的能动性和创造性，而对世界和自身的发展承担道德上的责任，因此扩展和实现世界和人的自由发展、二者的和谐相处就成为人的天职。萨特指出，人注定是自由的，自由选择是人类不可逃的命运，胡克指出，无论人们选择与否，他都是在选择，就对世界和自身担有一份责任。无论人们愿意与否，他都会由于其行动而对世界和自身是什么样子的起关键性的作用，因此人类如何合理行动，任何赢得和扩张人类自由对于包括人在内的世界来说不仅在本体论上而且在道德上都具有至关重要的意义。

注释：

①②③④⑤⑥⑦⑧⑨ 资产阶级哲学资料选辑［M］（第12辑），《哲学研究》编辑部编，1965：105；202；94；15；48；19；19；242；112.

第四章　胡克对自由的现实化的综合探究

一、自由与知识

（一）工具与知识

胡克发现处于世界中的人被置入不自由——自由——新的不自由——新的自由……的无止境的为自由而斗争的命运和使命之中，“人的天职在于运用理智的智慧去延伸和扩展人类自由”[①]。在此过程中，胡克发现，工具作为摆脱困境、获得自由的重要手段获得显赫的重要性。

但是“工具也往往曾经是奴役人的手段”，并不是所有的工具在所有的情境下都是能够有效地兑现其自由的承诺的，工具的成败取决于工具是否放在恰当的位置上，从而其特性作为一个新的参量，正好弥补了情境中出现的人与其环境之间的断裂和分歧。或者说工具的成败取决于人们是否选择和使用了恰当的工具，因为工具之所以成功，不是因为工具自身能够改变阻碍我们的事物的性质或规律性，也不是因为它能够强迫妨碍我们的他人放弃自己的欲求而完全以我们的欲求为中心，也不是因为工具自身毫无自己的固定的规定性，因此可以根据不同的情形自由发挥。

工具，无论是精神产品还是物质产品，像任何别的事物一样，具有自己一定的规定性，有着自己的发展的自然趋势，它并不是否定自己的必然性，而只能依靠自己的必然性来调节人与环境的冲突，它也不能依靠否定我们的目的或者自然物的必然性来达到目的，因为我们的目的决定了我们会选择什么样的工具，而不是相反，而自然物的必然性也是不可推翻的，工具的功用仅仅在于努力将那些作为它所开始着手的事物状态的自然实现的可能性变成现实，从那些与自然相关的可能性中，挑选出那些与人相关的可能性——人的偏好的实现。因为在胡克看来，作为一个自由人来说，他对偏好的判断从形而上学上讲，是最终的，工具从来不能影响所偏好的事物中的手段和目的、原因和结果的自然调适关系，判断的价值性也从来不能从所偏好的事物的性质中推理出来。因为人不是万物的尺度，万物也不是人的尺度。因此"只有当自然成长的连续性以及我们对此连续性的解释到达一定的中止点或间歇点，在此中止点的指引下，而不是依靠此中止点的力量，运动的方向看起来是目标明确的，也就是说，能够发展成为它发展成的东西，只有当这时候，工具作用才是最有效的"[②]，所以工具性永远不能变为无可挽回的确实性，因为它们的有效的应用，要依靠一定的客观环境特质，也要依靠生活于那个环境并对环境做出反应的人的一时需要和目的。只要这两种因素任何一个是不稳定，互相影响，并且受时间的制约，那么，不但是物理工具的条件性，就是逻辑概念的条件性，也是必然的。工具并不能赋予人或事物以必然性，而只能通过连接人与事物，而解放新的必然性，在此新的必然性中，人的行动障碍得以消除，自由得以实现。

可见，工具之所以成功，是因为它找到了人的目的与世界的必然性之间的交接点，"工具标志着一个点，在此人类利益与历史过程的自然连续性相交"[3]。在此，"工具将自然目的（ends）的平稳流动和存在着的粗野性转变为理性事业的多重关联的多个聚焦点。自然的、偶然的结局（endings）变成了实践的、有见识的目的（ends）。历史的连续性（continuities）并不因此受到打断，而是发生分化，受到选择。它们依然为镶嵌于其中特殊物提供结构上的支持，并为那些特殊物提供它们得以界定的关系。但是工具是导致选择发生的唯一的答案——这种选择尽管巢居于那些连续性中，去从来不会被那些连续性所孵育"[4]。这种"点"的能否被发现，取决于我们是否首先掌握关于自己的目的和相关的事物的必然性，只有获得关于我们自己和我们的对象的这些知识，我们才可能选择到适当的工具，并通过操作这些工具来实现我们的自由。

因此，胡克指出，"关于我们自己和外部世界的认识，是取得自由的钥匙"[5]，在 1930 年《对伦理实在主义的批判》中，进一步指出："自由既是一种天赋也是一种成就。人们可以增加它也可以失去它。有许多方法我们会失去自由，但是只有一种方法我们能够增加它——通过渐渐认识我们自己和我们在其中生活的更好的世界"[6]，甚至认为"一种人类自由的生活是决定于认识的生活"[7]，认识和知识被看作是获得人类自由的前提和基础，而且是极其重要的前提和基础。

（二）自由与必然性

胡克把自由系之于人类的认识和知识，这就涉及自由与必然性的问题。

从自由观念史上看，对自由的探讨往往首先是从哲学领域开始，逐步深入到政治、经济、文化等领域。哲学领域对自由的探讨常常是以研究自由与必然的关系的形式表现出来的。因此正如普列汉诺夫所言，"关于自由和必然的问题——这个旧的、然而永远是新的问题……像斯芬克斯一样向每个思想家说：请你解答我这个谜，否则我便吃掉你的体系"[8]，概言之，任何自由观都包含一个对自由与必然的关系的理解，这种理解成为整个自由观的一个基础，成为揭示自由观的门径和端口。

从广义的角度讲，所谓自由与必然的关系也就是世界有无规律性与人有无能动性的问题，哲学家们对此问题的回答大概可以分为以下几种类型：(1) 自由在于创造必然性。(2) 自由在于无视或者否定必然性。(3) 自由在于对必然性的认识和利用必然性。但是，要注意的是，由于哲学家们对自由与必然范畴的理解并不完全一致，因此就是表面上相似的立场实际上也很不相同的，甚至会得出完全相反的结论。他们的观点之间也是有承接、有批驳、有交叉、有重叠的，由于他们几乎没有专门的论述自由与必然的关系，而是将对自由与必然的关系的思考融入其理论体系的构建，或者实践的目标追求，在不同时期往往围绕不同主题展开，因此无论从逻辑还是历史上看，对自由和必然的关系的认知并没有一条鲜明的发展脉络和线索。

自由在于创造必然性。认为世界在人产生以前毫无规定性，一切都是偶然的，世界的规定性来自于人的自由创造，世界的必然性是人的作品。如萨特认为自在的存在是偶然的、无规律的，只有自为的存在才能赋予它规定性，这种规定性就是人的自由选择的结果。世界的规定性取决于人的自由，而“人，不外是由自己造成的东西”[⑨]。“人是自由的，人就是自由。”这种自由就是“选择的自由”，人不仅在自由选择中铸就自己的规定性，而且世界也在人们的自由选择中赢得规定性。因此，在萨特看来，不仅人的本质是自由的，世界的本质实际上也是自由的，除了自由的必然性，没有任何确定不移的必然性。

自由在于否定或无视必然性：承认世界的必然性存在，但是认为作为人的类本质的自由，在于无视或者否定这种必然性的存在，尤其是作为自然物的一部分的人的肉体的必然性欲求和思维的逻辑必然性。禁欲主义无论在宗教上、道德上还是认识论上的代言人，都是这种观念的典型。一般而言，凡承认存在两个必然不平等的世界的理论都是以承认存在一个创造必然性、但是自身又不为必然性所制约的绝对存在者为前提的，不论称它为上帝、神还是绝对精神，它成为世界的必然性的准绳，无论这种必然性是否出自于它，它都可以不受任何约束。康德的哲学则是支持自由和必然性对立的典型，康德认识到自由与必然的二律背反，认为解决之道在于将世界分为两个领域：认识－感知世界、道德－本体世界。对于感知界的认知，我们完全从经验出发，从自然自身探究自然本身的必然规律；但是在道德领域，人则完全从自身出发，立法者和受法者同一。在道德生活中人越是否定事物的必然性才越能体现人的自由。比如，一个宁死也不撒谎的人，就比通常不撒谎更能显示人的自由。因为求生是人的生物必然性，而人的自由则超越了这种必然性，代之以人的法则：宁死不撒谎。

自由在于对必然性的认识和利用必然性：这个命题最早为斯宾诺莎所提出，为黑格尔最先系统化，在马克思经典理论家那里获得科学阐述。其实古希腊的赫拉克里特就有萌芽了，他认为“这个世界，对于一切存在物都是一样的，它不是任何神所创造的，也不是任何人所创造的；它过去、现在、未来永远是一团永恒的活火，在一定的分寸上燃烧，在一定的分寸上熄灭”[10]，但是，人能够“认识那善于驾驭一切的思想”“思想是最大的优点，智慧在于说出真理，并且按照自然行事，听自然的话”。

胡克逐一对以上观点进行批判的分析，他指出，任何把世界的必然性看作是人的创造物的主张无疑都是把人的心灵神化的结果，“心灵像是女巫的一个大釜，世界和世界万物是在这个大釜的蒸气中出现的幻影”[11]，尽管这种观点看到了人的心灵的自由、人类思维的创造力和可能性对于人们参与到对世界的认识和共建中具有极其重要的意义，但是心灵的自由并不是不受限制的，否则“所谓自由意志和精神病人的谵妄和自大的狂想有什么区别呢？”[12]，胡克指出，这种观点错在把认识的条件和对条件的认识混淆了，没有看到心灵是我们认识的工具和条件，而不是我们认识的目的和目标，当我们认识我们的心灵的时候，也并不是要从中找到世界的规定性，而是为了知道我们心灵的功用和限度，以更好的认识世界、更有效的控制和预言，从而为我们的行动自由服务。凡是把人的心灵神秘化，把世界看作是心灵创造物的人，就只能在幻想的世界中赢得自由，而不能在现实的世界赢得自由，因为人并不是别的，而不过是一种独特的自然物而已，无论人还是人的心灵都不是世界的中心，而是有其自然来源和自然归宿的。我们的心灵的活动总是针对一定的问题和对象展开的，认识永远是关于某种事物的认识，思想总是围绕行动运转的。此外，从理论后果的角度讲，如果我们把世界的必然性不是看作是一种存在的有待我们的心灵去认识的事实，而是看作是由我们心灵所赋予的，那么我们只要改造自己的心灵，把世界想象成为一个完美的世界就可以了，而无需去行动、去改造世界以赢得在世界中的自由生存和活动空间，胡克指出，这其实就是为现实世界特别是现存的各种邪恶颁发永久的出租证。

在此，胡克特别批评了萨特的自由观，在萨特看来，“存在主义的第一步棋，就是要每人都知道自己的本性，并要他对于自己的存在负完全的责任”要“对一切人负责”[13]。认为只有坚持世界的规定性是人的自由产物，才能要求人们自觉地担负其行动的责任、义务，既然所谓的必然性包括人性都不过是人自己的自由选择和行动的结果，那么人就要自觉担起责任来。但是胡克指出，尽管存在主义否定世界自身的规定性，强调世界的自由性、开放性，从实践上讲，固然可以帮助人们摆脱宿命论，积极行动起来，不是顺从而是自由的改造世界。但是作为其副产品，则可能导致欲望的无约束泛滥，不切实际的狂想以及不择手段的将这种狂想变成现实的激进行动。相对主义、无政府主义、自私自利的个人主义都可能在此理论下得到庇护。从理论上讲，该理论的困境也是显然的：第一，尽管人在选择上似乎是无限制的，但是选择的结果与选择之间的关系并不是无规律可循的。这种关系的高频率的出现是人们在自由选择的时候所不能自由决定的。也就是说，行动是可以自由选择的，行动的结果不是可以自由选择的，而往往是可以预见甚至注定的。第二，人的选择也不是完全自由的。首先，选项不是可以自由提供的，因为任何选项往往也伴随着相应的条件要求。只有具备了相应的条件，这个选项才可能实际上进入选择的领域。因此，一个囚犯、穷人和一个国王、富人的可资选择的选项是不同的。其次，选项往往是相互冲突的。我们不可能同时选择 A 和非 A。再次，我们想要达到的目的和我们为此选择的手段之间并不总是统一的，如果没有必然性给予我们的承诺，我们凭什么相信我们的自由行动可能会通向自由的结果呢？任何选项的实现都有赖于别人或者别的事物的配合，无视它们的存在和作用，我们既不能自由选择对象更不能自由实现目的。因此，任何自由选择是总是有条件的，它有赖于人们摆脱政治、经济、文化和教育等方面所施加的强制，一个受到劫匪威胁“要钱还是要命”的人，一个困于“要恶劣的工作还是要命”的人，不论他自愿与否，他都不是自由选择。既然不是所有的选择都是自由的，所以人们也不应该对所有的选择承担责任。选择不仅受到各种外在条件的硬强制，而且往往受到各种习惯、传统、风俗观念的灌输和熏陶，这些构成选择的内在的软强制，因此，并非凡是出自我的决定都是自我的自由决定，很多决定实际上是被强制的决定。第三，正如人不能选择自己的出生一样，人也不能自由选择自己的本质。出生在你看来可以是人生的起点，但是世界、历史、社会和他人不会为你重新布设。出生有起点，自由没有起点。

此外，尽管人有自由，但是人不是注定自由的。因为自由不是天赋，而是要去争取和赢得的。因为自由不仅是形式上的，更是结果上的，并非任何自主做出的选择其结果都能达到自己的目的，都能够获得行动上的自由。由于任何行动都需要借助于外在的事物，并作用于外在对象的，而后者往往是按照自身的规律运行的，只有当掌握了行动的工具和对象的规律，这种行动才可能达到自己的目的，赢得自由。因此，真正的自由选择不仅是形式上的也是内容上的，不仅是动机上的也是结果上的，作为一个自由的人，他必须依靠自己的理智，利用和创造各种条件，尽可能扩大可供选择的范围和对象，尽可能对自己的目的和选项的性质有一个明确的认识，尽可能应用最合适的工具，进行选择，这样作出的选择才可能是真正的自由选择。

胡克同样批判了把人的自由与世界的必然性背离的观点，他指出，人作为自然的一部分，像别的自然物一样，它的所有的一切都是在与其环境的互动中生成和发展起来的，自由对于人来说，首先是一种来自于自身的潜能得到现实化的欲求和冲动，正是这种欲求和冲动促使人行动起来，而人的行动与其他事物之间发生冲突，这种冲突同样不只是内在的，而首先是外在的，它导致行动自由成为一个要求、一个问题，围绕这个问题，心灵和其他力量行动起来，因此，人所要求的自由不可能是仅仅与世界无涉的内在自由，而总是在现实世界的自由。

确实，承认自由存在于对必然性的否定或者无视的基础上，从表面上看似乎凸显了人的类属性，因为只有人才能做到这一点。但是既然一切思想最终都要表现为外在行为，那么完全基于自我的任性的自由在现实世界中总是会碰得头破血流，因为现实的世界是人与他物共存的世界，是不同的自由要求相竞争的世界，因此自由的意志并不能得到自由的结果，所以这种自由或者仅仅是内在的或者是不彻底的，最重要的是，这种观点常常为走私一些非理性的东西洞开门户，因为它宣称作为自由的人必须拥有一些科学免检的原则，不仅如此，由于这些原则被看作是更能够体现人的优越性所在，因此不仅科学不能检验它，而且它还要成为科学的长官和司令。

在胡克看来世界是必然性与偶然性并存的，说世界有必然性，是指它有自己的确定不变的结构和秩序，“存在运用强迫，粗鲁而直接的用于我们的行动，精细微妙的用于我们的思想，这种强迫即使未被承认或否认，也仍然是实在的”[14]。世界也是偶然的，既有连续性也有间断性，正是由于它具有必然性，因此我们才能够获得自由，“自由是一个我们在关于一种必然或者机械的秩序中发现的事实，或者人是在一个他面对必然性的世界上赢得或者找到自由的”[15]。自由并不存在于一个没有规律性或者必然性的存在领域，必然性是获得自由的前提，因为自由就是从必然性的认识而来的，偶然性也是自由的条件，如果没有偶然性，一切都是必然的，那么自由就是绝对的了，正是由于存在偶然性，所以才需要我们调动自己的智慧，去争取和赢得更大更多的自由。世界的必然性使得自由成为可能，世界的偶然性使得人类自由成为必需。

胡克既承认世界有必然的又承认人类有自由，但是他并不完全赞成那些持同样观点的哲学家，他反对象柏拉图、康德那样将世界一分为二，更反对基督教创造一个统治人间的世界和统治者上帝，在胡克看来，凡是一切有可能通向神秘的东西，都是走向认识的歧途。胡克承认人类追求自由的目的是为了善，但是他不认为这种善最终存在于一个世界之外的理念界，而是存在于现实世界中，这种善也不只是精神性的而且是物质上的。它不是靠进行从概念到概念的辩证法得来的，而是靠理解和调节人的欲望与物的性质的和谐得来的，“心灵的自由蕴涵着接受，接受认识在必然的事物秩序方面所揭示的东西，这种接受不是以压抑自我为代价的顺从，不是默默的忍受，而是同时肯定的接受，不是肯定世界的美好，而是肯定世界的必然性，从而不受幻想和痛苦的扰乱”[16]，因此，人类自由是“受关于必然性的认识所支配的，并且以合理性的欲望为特征的”[17]。人类认识并不需要一个上帝、天国的假设，因为自然自身就能够解决所有的自然的问题，人的一切思想和行动都无需借助于超自然世界的存在来得到说明。上帝、天国的假设，往往让人们放弃用理性的方式、科学方法和在此方法下组织起来的人类社会的共同努力来实现更大的自由、更大的幸福的努力，因此，它们不仅是无用的，多余的，而且是有害的。

胡克也不赞成康德的含蓄的两个世界，胡克承认人可以也能够认识世界的规律性，但是他不承认存在普遍必然的规律。认为任何规律实际上都不是一劳永逸的，而是一种暂时的假设，由于这种假设常常是有效的，因此是一个可靠的假设，但它毕竟是假设，它不是不可能犯错的，只是犯错的可能性很少，其可靠程度是要永远接受经验的检验的，因此它的必然性是概率上的，不是绝对的。胡克并不认为人在自然界中只有认识和服从，而是认为一切认识都不是出于纯粹的理性，而总是有目的、有欲求，有价值导向的，没有纯粹的认识，也没有纯粹为了认识而认识，认识的目的在于控制、支配对象，以满足人的需要。因此，人们对真与善的追求不是分离的而是交融的，人们在处理人与自然的关系中所采用的方法和原则，也并不是与人们处理人与人之间的关系所采取的方法和原则是相反的或者不相干的，而往往是相关的甚至相同的。

因此，就自由和必然性而言，胡克赞成最后一种观点：即自由在于对必然性的认识和对客观世界的改造。该命题尽管为斯宾诺莎、黑格尔、马克思、胡克所共同认同，但是他们对这个命题的理解并不是相同的。在胡克看来，斯宾诺莎和黑格尔对此命题的理解是基于传统的思－行分离的二元思维模式，而自己和马克思则是建立在基于行动的一元思维模式。前者最终都不得不依靠承认一个无所不能的神来实现自由和必然的衔接，而自己和马克思的认识论不仅无需神，而且彻底地将神从科学的认识中驱除出去。

斯宾诺莎提出“自由不是随心所欲，而是对必然性的认识”，认为“凡是仅仅由自身本性的必然性而存在，其行为仅仅由它自身决定的东西叫作自由，反之，凡一物的存在及其行为均按一定的方式为他物所决定，便叫作必然或者受制”。他认为，“万物都预先为神所决定——并不是为神的自由意志或者绝对任性所决定，而是为神的绝对本性或者无限力量所决定”，神是唯一的、自因的实体，它自己的本质就包含存在，因此，“自然中没有任何偶然的东西，一切事物都受到神的本性的必然性的决定而以一定的方式存在和动作”[18]。广延性和思想性都是神的属性，它们形成思想系列和广延系列，我们只能用思想认识思想，用广延作用于广延。我们的心灵中常常充满各种各样的观念和欲望，只有真观念是与外物符合的，是具有必然性的，因此我们随心所欲的行动，其实就是为各种杂乱的观念和欲望所支配，成为欲望的奴隶，因此在精神上受混淆观念的折磨，在行动上经历彷徨和失败的打击。只有当我们克服杂多的欲望和观念诱惑，让自己的心灵与整个自然一致，按照真观念行动，就会获得自由。显然在他这里，认识的目的并不是要对世界有所作为，而不过是把被动的痛苦的承受转变为一种有知识的自觉，以一种坦然的心态去面对命运和必然性，实现人的心灵与自然的一致，达到人生的圆满境界，这种自由实际上只是一种精神自由，即精神摆脱被奴役，它并不要求改造世界，而只是要求自觉顺应世界，为此改造自己对世界的观念和欲求。

黑格尔进一步将斯宾诺莎的“神”立体化、历史化，将直观的宇宙演变理论转化为历史发展理论和逻辑演化理论的结合。将单一的变化模式转变为辩证的发展模式，斯宾诺莎的神在此成为自由而自足的绝对精神，它体现为一切既有的、现有的、将有的自然界和人类社会、精神领域中的所有存在。它既是实体又是主体，它是运动的，这种运动是自由的，也是必然的，“实体作为主体，本身就具有最初的内在必然性，必然把自己表现为它自在的所是的那个东西，即把自己表现为精神，只有完成了的对象性的表现才同时是实体回复到自身的过程，或者是实体变成自我（或主体）的过程”[19]。人类社会、自然界和人的思维都不过是绝对精神的体现或者外在表现，是绝对精神实现自己的发展过程中的一个阶段和环节，一切必然性都是绝对精神的自由的环节，“世界历史无非是‘自由’意识的进展，这一种进展是我们必须在它的必然性中加以认识的”。人的一切努力无论成功与否，都不过是绝对精神的自由所必然决定的，因此认识了这一点，知道存在的都是合理的，合理的都是存在的，人们就能够坦然的从事他所做的一切，坦然地面对成败。

胡克指出，无论斯宾诺莎还是黑格尔的理性论由于把认识纯粹看作是一种在观念中进行的思维活动，而不是一种人们可以观察到的活动，由此人为地在心和物之间划出沟壑，因此“多多少少最终都要依赖一个神来实现物的系列和心的系列的联结”。斯宾诺莎认为真观念之间的必然逻辑关系一定与外物之间的必然事实关系统一的，因此按照清楚明白的真观念行动，就是合理的、自由的行动。黑格尔坚信内在逻辑的必然性一定会有其历史必然性的现实表现形式的，他们的信念如果没有一个作为能够用统一的法则将人与物的世界联系起来的作为创造者的神来支撑，就会成为海市蜃楼。但是在胡克看来，这种信念是建立在薄冰上的，因为不仅神是否善良的赋予心和物以同样的规则，而且神自身的存在也是一个需要证明的问题。何况经验和历史所提供的大量证据表明观念世界和物质世界之间并不是必然的对应关系，表明世界并不是完全合乎逻辑、合理的存在和运行的。“创造历史的人，无论幸运与否，并不是数理逻辑学家”[20]，就人的自由而言，人虽不能像神一样，创造一个完美的世界，但是人依然可以作为一个不依靠神的保佑而依靠自已的智慧和力量把世界改造得更加美好、更加适合人的自由生活。

就马克思而言，胡克指出马克思哲学是一种自由的哲学，“在马克思主义中，一旦科学不是被看作是法则的打开或观念的无情的实现，而是理智作为变革社会的机制的实践运用的话，人的活动就能够从机械的必然性中挣脱出来”[21]。马克思强调自我意识，反对神的介入，在博士论文中马克思引用普罗米修斯对赫尔莫斯坦承，“总而言之，我恨所有的神”，把它作为自己的哲学“反对所有的不承认人的自我意识的至高无上的神圣地位的天上的和地下的神”的战斗口号，马克思也不把历史看作是神的活动史，而是把历史看作是人类活动的纪录，“历史什么也不作，它不战斗，恰恰是人，真正的活着的人，行动、拥有和战斗。历史也决不会把人当作实现自己的目的的手段，好像它是一个分离的人一样。历史不是别的，而是人类追求自己目标的活动”[22]，把人看作是一个当他出现在一个具体的社会关系中的一个有生命的、运动的、互动的有机体，它的需要被它的经济活动所决定，它的社会实践被那些需要所指导。把人的活动解释为他们的个人和阶级需要和欲求——在他们与限制这些需要的环境相互作用的时候——的一个结果，主张根据一个观念在民众中渗透的程度来评价该观念的力量，在胡克看来，马克思把黑格尔辩证法原理改造为：“从独立于意识的客观条件（正），通过设想客观可能性的人类需要（反），产生试图将这些可能性现实化的行动（合）。”[23]通过行动，“对立的时刻”变成连续的“发展的阶段”，因此，把活动的哲学从认识论和形而上学中解放出来了，胡克坚信，马克思相信历史中的因果互惠性，而不是单方面的因果决定论。

胡克把自己对自由与必然性关系的理解视为是对马克思的同一命题的正确的理解和发挥，以与苏联版本的机械理解区别开来。在胡克看来，自由在于对必然性的认识和自由在于对必然性的改造并不是两个概念，因为我们的认识过程也就是改造过程，认识的目的就在于改造，认识的完了就是改造的完了，因为认识是应我们行动中受到障碍、为了消除障碍而开启的，每一个认识都意味着一种行动方案和具体操作，因为我们不知道究竟哪一个认识是正确有效的，因此只有通过把它所意味的操作付诸实施，根据其效果来予以确定，因此改造就成为认识的一个环节，那个导致成功的改造对象、消除了障碍的方案就被看作是正确的认识，因此当改造成功的时候，认识也就结束了。

为什么对必然性的认识一定包括行动改造的环节呢？这是由世界和人的性质决定的，首先所有的存在物包括人都具有一定的必然或机械的结构和秩序，这些必然的结构和秩序成为人的认识的前提和基础，而对结构的探索，也就是思想，自身就是某种结构组织的职能性的活动，因此是与探索的对象关联的，所以心与物的系列并不是平行的，而是互动的，“尽管自然结构的事实所必须加以支持的那个结果，指导着人的一连串思维活动的发展方向，但是人的思想究竟选择哪个方向发展，却不是自然结构的事实所能够决定的”[24]，但是世界的结构不是完成了的，而是开放的，人的思想也不是固定的，而是为人多元的具体欲求、目的等所影响，这些使得选择和人的目的进入一切认识领域中，由于思想从来都不是纯粹的，世界的结构从来不是完成的，因此任何结构的真正性质是什么，只有靠许多科学研究者最后的共约同意才能发现，这种共约的同意如果仅仅基于思维逻辑上的一致性，但是一方面人们并不是把思想自身作为目的，而总是为了思想以外的目的，另一方面世界自身并不是某种逻辑的创造品，而且逻辑上的一致常常为虚缪论证所欺骗，因此共约的同意与其建立在理论的争执分歧上不如建立在将事物与人的假设性的认识置于现实的实验而获得的效果上，也就是对客观困难的改造效果上。

因此，这就对认识的真理性提出更高的要求，在此胡克批判了真理融贯说和真理符合说，前者认为只要所获得的知识从逻辑上讲是融贯的，没有矛盾的，就可以承认为真理，也就是说，知识的真理性不以外在环境为转移，后者认为凡是所获得的知识与外在事物相符合，就是真理，也就是说知识的真理性与人的选择和需要无涉，而在胡克看来，前者忽视了知识是产生于外界，而且用之于外界的，外界的刺激激起人们的认识活动，认识的结果即知识既要受制于不稳定的客观环境又要受制于人的需要，而后二者不可能是稳定不变的，因此知识自身不可能是确定不变的，知识的可靠与否既要赢得人们内在的逻辑赞同，更要取决于它是否有效地作用于外在环境，如果说真理融贯论忽视了知识的效用性，那么真理符合论则忽视了知识的属人性，任何认识都受到人的目的、需要的支配，是用来满足人的需要和目的的工具，没有这个属人的因素，那么一切知识都是无意义的，从知识是作为人们赢得自由的工具而言，真理融贯论忽视了知识工具对于客观环境的依赖性，真理符合论则无视知识工具对于人的目的需求的依赖性。在胡克看来，就作为检验知识工具的效用而言，真理融贯论和真理符合论都是有一定的意义的，但是都是不全面的，一方面，任何知识就其自身而言，我们都应该要求其是融贯的，因为显然不合乎逻辑的知识，是不可能赢得人们的共约的同意的，而且就世界与逻辑从抽象的层面上讲，是异名同构的而言，也是要求于此的。另外一方面，任何知识，我们也要求其是与外物符合的，“因为语言中的真诚只能从行动中的真诚中推知”㉕，我们按照此知识采取的行动能够验证了此知识与外物的符合性，这种知识才具备充当有效的工具的功能。但是它们仅仅是必要条件，而不是充分条件，因为在胡克看来，我们从来都不是为求知而求知的，求知活动并不是独立于人的实践活动之外的，像休谟一样，胡克承认我们日常是按照习惯而生活的，只有当习惯行不通的时候，我们在遭遇到习惯对外物的无效挫折以后，才开启求知活动。因为求知是心灵的一种活动，而我们的心灵是工具性的，它不会无缘无故的活动起来也不会莫名其妙的永远活动下去，而是围绕着行动中面临的问题而展开的，我们的求知活动是应行动中所遭遇的按照习惯不能解决的问题而产生，并伴随着该问题的解决而停止的，因此求知活动是为行动自由服务的，以后者为目标的。由于在行动中所遭遇的按照习惯不能解决的问题总是具体的，我们对它们的求知活动也不是从零开始的，而是依靠以往的经验，在将它们实验性的应用中来确立其可靠性，因此是对以往的相应的经验所作出的一个发展，因此，是在问题这个纽结上，补充的知识和既往的知识得到融贯，而可靠性的标志，就是问题得到解决，行动的障碍得以消除，因此，是在行动自由这个纽结上，知识与目的、知识与事物得以符合。由于问题总是层出不穷的，行动总是无止境的，因此对知识的考验总是无止境的，所以，求知活动也不可能是一劳永逸的，在此，与传统的对知识和真理的尊贵头衔一朝获得，终身拥有的模式不同，胡克将知识和真理的头衔和可靠性从终身制中解放出来，置于“物竞天择，适者生存”的无止境的检验之链中。尽管胡克承认，人的自由在于对必然性的认识，人类自由的生活是取决于认识的生活，但是，胡克同时指出，“自由存在于认识的结果中”，只有当我们对于我们自己和自然的认识，能够使我们控制和预言，我们才能说这种认识所获得的是知识、真理。由于问题总是不可预料的，结果总是在后的，因此对于任何知识和真理来说，我们与其把它看作是绝对的、不容置疑的，不如看作是有根据的假说，这种假说的真理性是靠对它的一次又一次的应用的后果来定义的，我们不能无证据的怀疑其可靠性，断然将其放弃，也不能盲目的信从它，把它看作是理所当然的唯一选项，从而剥夺了其他假说作为选项的平等机会，而应该把它看作针对某一问题的优先选择的选项予以考虑。当它在与其他选项竞争中失败的时候，那么我们也并不因此就将其完全剥夺其真理性，而是重新厘清其适用范围和对象。因此，在胡克看来，这样对待真理和知识，其后果不是真理和知识的绝对化，而是真理和知识的集的不断扩大和丰富。犹如维特根斯坦的工具箱，我们所拥有的工具愈多，意味着我们解决冲突，赢得自由的能力愈大。

因此，胡克指出，“自由是在关于一种必然或机械秩序的认识中发现的事实，或者说，人是在他面对着必然性的世界里赢得或发现自由的”[26]，自由在于对必然性的认识，之所以如此，是因为一方面世界是存在必然性的，同时也不全是必然的。另一方面人是可以自由的，同时又不全是自由的。因为人能够认识到世界发展的潜在的多元的可能性，同时认识到自己所要追求的目的的多样性，因此能够在二者之间寻找到交汇点，赢得自由。因此，在胡克这里，自由是"受必然性的认识所支配，并以合理性的欲望为特征的"[27]，在这里，自然事物的自然发展和人的天然欲求都受到了人自身的选择和工具的嫁接，因此，认识在这里，绝不是像镜子一样的客观反映，而是围绕着人所面临的问题和人所欲求的目的而对所要认识的对象的特点和性质有所选择的，也绝不是完全任性于人的内在欲求而任意的创造对象的，而是在认识的过程中进行适当的调整和选择的。因此，作为认识的最终结果的是，人与其环境之间通过工具沟通和协商、调适的结果，其有效性表现为二者目的的同时实现。

二、自由与实验逻辑

胡克指出，自由在于对必然性的认识，一种人类自由的生活取决于认识的生活。逻辑学自从亚里士多德创立以来就一直作为一种求知的工具，因此能否扩展人类自由在相当大的程度上就取决于采取什么样的有效的认知工具即逻辑学，为此，胡克对传统的逻辑学进行批判的考察，以探究更有效的逻辑工具

（一）对传统的逻辑学的考察

胡克指出，传统的逻辑学为我们提供了两种最常见的逻辑，即归纳逻辑和演绎逻辑。归纳逻辑以归纳推理和归纳方法为基本内容，归纳法是一种从个别的或特殊的经验事实出发而概括得来的一般性原理、原则

的思维方法，归纳推理是一种从个别性知识的前提推出一般性知识的结论的间接推理，而演绎逻辑以演绎推理和演绎方法为基本内容，演绎法运用一般性原理、原则去分析和说明特殊或个别的对象或现象，演绎推理则是从一般性知识的前提推出特殊性或个别性知识的结论的推理。

归纳逻辑之所以被看作是一种有效的甚至唯一科学的逻辑，是因为经验论者认为我们之所以求知并不是出于纯粹的兴趣，而是为了控制新的事物，因此我们的认识应该从现有的一切可以感知到的事物出发，以发现新事物的性质，因此可靠的知识应该是与现实事物相符合的知识，所以能够被我们感知到的事物应该成为我们一切科学知识的起点。归纳逻辑致力于从已知的、现实的、有限的知识延伸到未知的、普遍的、更广阔的知识领域。

而演绎逻辑之所以被看作科学的逻辑，则因为理性论者认为我们肉眼所见到的事物总是变化的、多样性的、易逝的，而且感性认识常常是骗人的，我们的感性经验常常为我们每个人所处的时空和内在的情感欲望所限制和动摇，因此要想获得可靠的认识，断断不能从这些有限的、不可靠的感知的事物出发，作为可靠的知识应该是获得大家一致同意的知识，这种同意不能建立在不可靠的感性经验上，而应该建立在人人所具备的、不变的、永恒的理性逻辑上，在此人们能够摆脱一切个人的局限性，获得客观性的、可靠的知识。

归纳逻辑和演绎逻辑在实际的发展历史上，渐渐被分离开来，各自被看作是唯一的、排他性的逻辑学。为此，归纳逻辑进一步认为人们之间对一个知识或观念的普遍同意应该建立在该知识与外物的符合上，因为凡是物与物在外在形式上相符合的，一定会在人们关于它们的观念上获得符合。因此外物以及感性经验知识应该成为检验人们的一切认识和观念的标准，凡是存在的事物都是合乎逻辑的事物，凡是人的认识与存在的事物背离的就是谬论，而演绎逻辑认为凡是事物的观念在人们的心灵中获得一致的，那么其外在的具体存在形式也一定是相符合的，因此，人的理性以及理性知识应该成为检验实际事物存在的真假性的唯一根据。只有合乎逻辑的事物才是真实的存在物，否则就是假象。归纳逻辑和演绎逻辑在黑格尔哲学中获得统一，黑格尔辩证逻辑证明：存在的都是合理的，合理的都是存在的。

在胡克看来，无论传统的归纳逻辑还是演绎逻辑都是有限的、不充分的、困难重重的逻辑，不仅作为我们求知工具的效用是有限的，而且这些工具自身还导致许多虚假的问题和困难产生，从而成为哲学、宗教、认识论等所谓的永恒的问题产生。

首先，胡克对传统的演绎逻辑进行批判，指出它存在以下不可克服的问题[28]：

（1）演绎逻辑将那种太人性的，因此常犯错的推理过程与那种决定有效推理的可能性的蕴含的客观关系区别开来，将我们应该用来推理的形式逻辑和我们实际用来推理的形式逻辑分离开来，从而将形式逻辑从日常生活中分离出去，沉浸于应然的逻辑中，而避免遭受实践的进步所带来的危机，将实践与逻辑隔离。由于现实世界并不是直接按照不变的形式逻辑运行的，因此演绎逻辑所提供的所谓的永恒的、不变、抽象的知识不能有效地应用到具体的生活情境中，不能为我们提供现实的、进步的、发展的知识，帮助我们解决现实中的具体问题，而后者正是我们最需要的，此外，当我们将它们运用于日常实践中，则往往给予我们错误的指导和无效的知识。

（2）演绎逻辑奉为基石的三段论以及各种逻辑规律，依靠演绎逻辑自身并不能获得解释和证明，由于演绎逻辑的结论蕴含于其前提之内，因此一定会陷入无穷论证的苦恼，其最后的第一前提由于是不可证明的因此是丐词。演绎逻辑由于作为其基本架构的因素都是自身所不能证明的，因此所谓的客观逻辑的演绎逻辑实质上是建立在逻辑的沙滩上的。

（3）为了解决以上的逻辑困难，演绎逻辑常常从形而上学上求取宗教的支援，因此为神学所支撑，而不是一种自由、自主的逻辑。

（4）演绎逻辑出于客观性的要求，而以抽象的人和抽象的物为研究对象，极力从逻辑学中排除心理学因素和物理学要素的干扰，以致最终不能有效的回答如何将逻辑与存在、逻辑与人结合起来的问题，这也常常为神学和其他一些非理性因素洞开门户。

（5）演绎逻辑只能作为一种证明的逻辑，而不能成为一种发现的逻辑，它不能为我们增加新知识，它常常作为一种辩护的逻辑发挥作用，它在指向过去、为权威辩护、确保安全上成效甚著，在面向未来，帮助我们控制新事物和开创未知的知识和领域，赢得更大的自由方面则几乎毫无成效。

（6）演绎逻辑可以被持有相互矛盾甚至相反的观点的人利用来证明自己观点的正当性，逻辑的一致性常常被虚缪的论证所篡用，因此演绎逻辑不能作为一种澄清观念、甄别真假的客观有效的方法。

（7）演绎逻辑适用的范围狭隘，它在科学研究等理性研究活动方面能够大显身手，而在非理性领域、在人的日常生活世界、在人的日常实践领域则阙如。

（8）演绎逻辑不能有效地与归纳逻辑合流，充分吸收归纳逻辑的有效因素，实现演绎与归纳的统一。

（9）因此，建立在单纯的演绎逻辑基础上的形而上学等产生一系列的不能解决的所谓的哲学问题，如认识行动中身心关系的问题、用感官材料构造物理世界的问题、共同的事物和个人的视点的问题等，这些最后往往求助于上帝的存在，从而阻碍科学发展。

针对传统的归纳逻辑，胡克同样对其弊病和问题作出批判：

（1）除了完全归纳以外，其他的归纳都不能为我们提供可靠的知识，仅仅依靠归纳，我们永远不能证明我们所作出的归纳不会出现反例，无论作为我们归纳基础的正例有多少，一个新发现的反例就导致整个归纳的危机。

（2）归纳逻辑（除了完全归纳）不能证明为什么我们应该应用某些归纳推理的规则、接受某些归纳推理的结论为真，它不能解释我们对论点的数据的挑选，不能解释我们对材料的挑选中所产生的在探究目标上所发生的临时变化，不能解释我们为什么认为一条归纳推理的规则、一条归纳结论比另外一条更可信，不能提供决定归纳推理的规则合理性、接受归纳结论可信性的依据和标准。

（3）归纳逻辑虽然将认知的触角伸向新的事物，但是它不能保证它提供的是可靠的知识，因此为了巩固其成果，归纳逻辑常常将大量的知识领域置于在不可知的区域，而任何放弃对认识领域的控制的行为，实际上都是为神学留出了地盘。

（4）归纳逻辑同样由于不能充分吸收演绎逻辑，不能实现归纳和演绎的统一，而使得其工具的功效不能充分发挥。

（5）归纳逻辑过于强调感性现实的实在性，而忽视人在将现实世界改造为一个更合理更完美世界中所发挥的至关重要的作用的可能性和必要性，因此缺乏改造现实的人的合理因素。

在胡克看来，无论归纳逻辑和演绎逻辑依靠自身都不能回答许多关于自身的问题，不能为自己的使用原理和基础提供有效的证明，最终或者通过承认或默认一个将人的内在世界与外在的物质世界统一起来的、作为所有这些世界的规则的制造者的上帝的存在的方式来解决这些困难，或者实际上为上帝的存在的理论洞开门户。因此，胡克指出实际上理性论者最终都要依靠一个神将心的系列和物的系列联系起来，而传统的经验论则陷入不可知论的泥沼不能自拔。

康德的先验逻辑同样以承认不可知的物自体和理念界的存在为基础，承认作为一切认识形式的先验根据的先验统觉为什么如此是不可知的，并且最终不得不依靠一个作为公设的上帝来连接作为理念的世界和不朽的灵魂。黑格尔的绝对理念的正－反－合的外在成长和内在自识合一、历史与逻辑统一的精心建构的体系似乎是融归纳逻辑和演绎逻辑为一体的辩证逻辑的一个最好展示，但是辩证法与体系之间的冲突最终也只有依靠上帝来调节。

在胡克看来，一个依靠承认上帝的存在来保证知识的可靠性的逻辑学并不是一种自由的逻辑学，它不是自由自主的逻辑学，而总是神学的附庸，由于上帝的存在自身就是既不可观察到又不能证明的一个不可靠的假设，因此以此为基础的逻辑学并不能成为我们认识必然性、获得自由的有效工具。

无论归纳逻辑还是演绎逻辑由于忽视了认识的现实改造功能，而将逻辑有效性与存在、逻辑有效性与人的动机分离，将认识的过程从结论、认识的方法从结果、认识的手段从目的、认识的技术从观点中分离出去，因此不能解决自身的许多问题，而且导致许多不必有的问题产生，为之所困扰。

此外，由于我们所生活于其中的世界是规律性与偶然性镶嵌、稳定性与不稳定性并存的世界，所以，与之相应，我们所获得的知识应该正如康德所说，是既具有普遍性和必然性又能够增加新知识，因此好的逻辑学应该帮助我们获得不断增长的可靠知识，但是，归纳逻辑不能提供普遍而可靠的知识，演绎逻辑不能提供新知识。康德虽然认为自己的先验逻辑足堪此任，但是他的先验逻辑是以神秘的心灵为前提的，其哲学是一种分立的本体论，黑格尔似乎用一种演绎的逻辑实现了认识、历史、逻辑的统一，但是这种演绎排除了自然界、逻辑界和精神界的相对独立性，将一切都笼罩在绝对精神的必然法则中，把活生生的世界变成精神的产儿，这无疑是一厢情愿，痴人说梦，因此传统逻辑不能为我们提供不断增长的可靠知识，不能成为我们认识的有效的工具。

（二）实验逻辑：对传统逻辑学的发展

胡克指出，传统的逻辑由于将逻辑与自然、逻辑与认识的情境、逻辑与人分离开来，没有看到有效性与存在、有效性与动机之间的关系，因此不可能真正解决认识的增长和可靠性的问题的，不能解决认识的主体与客体统一问题，不能解决自身的困难，不能建立可以脱离神学的、自由自主的逻辑科学。而实验逻辑由于将逻辑放回到认识活动的有机整体之中进行认识，因此能够避免或克服传统逻辑所不能解决的那些问题，所以实验的逻辑应该作为对传统的逻辑的改造和发展，为科学认识提供有效的工具，从而获得不断增长的可靠知识，为人类自由开辟道路。

胡克这样阐述实验逻辑与传统逻辑的关系："我将试图根据实验主义的逻辑与西欧的科学方法的运行的传统之间的连续性来提供实验逻辑，以这种方式来看，它是有意义的探究理论，它不是作为一个革命的逻辑福音书而来的，宣称从一个新的有效性天堂开除所有死不改悔的形式逻辑学家的教籍，它更是作为一个批判的评价，对形式逻辑学家在说的有意义的时候所自以为当然的东西进行批判的评价，作为一个发现：如果有人抓伤形式逻辑学家的皮肤，他一定会看见这个符号象征什么"[29]，因此，在胡克看来，实验逻辑不是与传统逻辑截然不同的逻辑，而是对后者的综合和发展。

简言之，实验的逻辑与传统逻辑不同以及对传统逻辑的批判发展突出的表现在以下几个方面：

1. 思维与探究

实验逻辑与传统逻辑的不同，首先体现在对思维的认识上，实验逻辑不是从假想中的、抽象的思维观念中来认识思维，而是从活生生的日常举行的思维活动出发，对思维做一种现象学的描述，而发现思维，像机械工具一样具有以下特点[30]：

（1）从思维的发生学上看，思维产生于人们为了解决手头的问题，而不仅仅是为了求知自身。确实，胡克指出，人们有时候可能出于好奇去思维世界和自身，然而更多的情况是，人不是出于好奇而是出于新奇才去思维的。所谓好奇，只是一种心理状态，在正常情形下，人像别的生物一样生活于惯性中，不会产生好奇的念头，一切都按照习惯的方式进行解释和运作。但由于世界是稳定性与不稳定性的结合物，世界的运行并非以人为中心，因此当世界的运行打破人与世界的原来的那种习惯关系的时候，也就是说，在人看来，出现了新奇的东西，它是以往所习惯的解释模式所不能解释的，以往的操作方式所不能控制的，因此导致人陷入精神的焦灼和行动的混乱，人与其环境的习惯关系被打破了，人从心理上和行动上都陷入自由困境。正是在此情况下，为了从这种困境中脱离出来，人才开始进行思维。因此，思维不是随时随地发生的，而是在成问题的、不确定的困难情境下发生的，所以也要根据一定的情境得以解释。思维活动并不是纯粹为了求知、纯粹出于对上帝或者理性的爱而产生的，不是像黑格尔所说的是精神通过认识者来达到自我意识的活动，而是认识者通过认识来满足自己的生存和自由的需要，不是认识者是手段，而是认识活动是手段。认识并不是发散式的、漫无目的的或者是为了一个无所不包的、千秋万代的目的，而往往是有针对性的，往往聚敛于手头的问题上，当问题产生，认识开始，当问题解决了，一个认识活动就暂时结束。只有当一个新问题发生以后，新的认识活动才开始。认识并不企图一劳永逸的解决所有的问题，而致力于消除人与环境的对抗性，重续连续性，消灭不确定性，从而获得知识、消除怀疑、确定信念。这些表明思维是在一定的情境中开展的，是为一定的目的和动机所支配的。

（2）从思维的过程和条件看，因为思维始于人与环境的关系的改变，终于人与环境的重新和谐，在思维活动开始之前，人已经拥有一定的知识和经验，思维不会全盘怀疑这些知识，否则思维就无法进行，思维也不会全盘相信这些知识，否则思维就没有必要，而是把它们作为自己的可供使用的假设，将它们投入到对困难的解决中，根据其后果而确定其可信度，并在此基础上丰富和完善自己的知识系统；思维也不会在进行思维活动之前，首先来判断自己是否具备思维的能力，而是义无反顾地投入对环境的把握和控制活动中，并根据活动的后果来寻找更好的思维工具，判断自己的思维能力，思维也不会津津于寻找所谓的第一因，这不仅是奢望而且是多余；思维也不会仅仅满足于在心灵中作用，而总是要指向外在的问题和事物，把观念转变为行动的纲领，根据行动的效果调整观念，因此在思维中观念与行动不是分离的，而是互动的，都以对环境的改造、实现人与环境的和谐的复归为中心。

（3）思维作为一个活动的整体而言，具有内在的有机统一性的，不仅思维与思维之间必须存在一致性，否则思维就会陷入混乱，而且思维与它用以进行活动的记号和资料也是相互影响的，通过这种相互影响，意义不断获得扩大和修改。

（4）思维并仅仅只是一种个人的、内在的活动，而是有其社会性的。不仅因为思维活动所依靠的知识等是社会性劳动的产物，而且因为作为其环境的不仅有事物还有他人，当一个困难情境出现的时候，意味着在此情境中的各要素发生了冲突，需要出现安排和布局，思维不仅是置身于此环境的许多人共同参与的一种合作活动，而且在个人的思维中必须把这些他们考虑进去，作为设计方案和行动所必需包括的因素。

（5）从思维的性质和作用看，思维本质上是一种间接的中介，思维自身并不能改变处境，而是通过感觉器官的起原因作用的媒介，作用于直接给予的未知事物。因此感觉器官及其作用、行动所导致的事物的变化等决不可从思维的环节中脱离出去，因此思维与人的全部器官的活动是关联的、连续的。

（6）思维的有效性最终依赖客观事物内在的必然性和人与事物所具有的连续性，如果事物没有一定的结构以及一定的规律性，如果人所要求的目的是与事物规律性截然对立的，那么最好的思维也不能成功。但是这并不是说事物的结构特征就决定了思维的方向和路径，也不能说人的动机就绝对的支配思维活动，而是说它们都是决定思维的必要因素。

因此，思维是我们用来控制环境的工具，作为工具，它具有三种所指[31]：

（1）思维对于某种非认知的经验来说是一种工具，不论这种经验是审美的、经济的还是社会的。这仅仅意味着认识的经验是在某种成问题的情境及其预期能够得到解决之前最卓越的起中介作用的经验。

（2）思维就其本身的机能活动方式而且正由于其机能活动方式是一种工具。即对记号产生反应，产生结论。

（3）思维的应用是由自然中一定的结构组织来决定的。自然结构的事实所须加以支持的那个结果，指导人的一连串思维活动的发展方向，但是人的思维究竟选择哪个方向发展，却不是自然结构的事实所能决定的。

可见，思维并不是像亚里士多德等逻辑学家所认为的是一种脱离人的具体目的和欲求的纯粹的活动，也不是像康德等的逻辑学家所认为的是一种完全由人主导的、与事物自身的特征和结构无关的给自然立法的活动，而是介于人的目的、欲求与事物自身的特征和结构之间的，为了满足人和事物的共同成长的工具。因此，认识活动也是一种工具性活动，是一种刺激－反应活动，无论认识主体还是客体都在此活动中得到成长。思维并不是某种纯粹为了满足心灵的好奇而在任何时候都会从事的一种心灵中的游戏，思维也不是仅仅为了获得对存在的客观反映，而是出于缝合人与其环境的断裂而进行反映，也不是纯粹为了建构存在，而是为改善人的处境而提供一种有根据的改造存在的计划或方案，思维总是思维者的思维，它总是要受到思维者的具体的目的和动机所驱动和左右，没有这些目的和动机，思维就没有方向，不知道何时开始何时终止，思维者从来不是生活在空气中的，而总是生活在一定的自然环境和社会环境中，与这些环境发生联系，进行互动的，因此作为其活动，思维总是在一定的具体的、不同的情境中进行的，其活动及其活动的成果都是作为此情境的一部分，与它相连续的，思维总是对某物的思维，思想与行动是密切相关的，它必须把人的因素、物的因素、行动的因素纳入自己的体系中来，因此人的目的和环境的特征成为思维的构成因素，我们不能脱离这些因素而获得正确的对思维的认识。思维就是一种架在人的目的和世界的必然性之间的工具，是一种在特定的情况下不断力求达到更大功效的工具。

为了与传统的那种将思维与存在分离、将思维活动与行动分开、将思维的效果从环境和人的互动中脱离的通常的做法相区别，胡克像皮尔士、杜威一样，主张用“探究”这个词来代替广义的思维活动，因为在探究过程中，人与物、个人与社会、知与行、感觉器官与心灵器官、历史与现实不仅是交融的、互动的，而且是互惠的。“探究”较之于“认识”，更强调了情境以及在情境中的人和环境的互动，强调了思维的目的性、操作性和工具的特征，在胡克看来，实验逻辑就是一种有意义的探究逻辑。

2. 词项、命题、语境

从探究的角度看，词项和命题并没有固定不变的意义，其意义与其语境和目的密切相关，因为如果它们是固定不变的，那么我们就不能解释科学家对同一个词项和命题的意义不断丰富、发展的事实。一个词项自身没有意义，它也不能通过被重复而获得或者失去意义，它必须进入一个命题以获得意义，而任何一个命题的意义总是由于语境的不同而不同，因此命题的意义取决于一系列表达语境和目的的别的命题，这些命题都是被来自于具体情境的某种普遍的目的论性质所编织在一起，因此每一个词项的意义也取决于它进入其中的命题的复合体，也就是说，取决于包括此命题的具体的推理体系，因此，推理的探究的过程丰富、延伸和增加了词项和命题的意义。而既然推理探究是在一个起点的不联系性和终点的连续性之间调和，那么一个命题的意义就是一个关于要做什么的潜在命令。命题的真理性只能根据从征服问题中的不连续性的尝试中产生的实践后果来检验。因此如果我们的命题真的导向对我们的困难的解决，那么它们的词项不能代表不可证明的个人的经验的性质，而只能代表具体的行为方式。

从这个角度看，观念和概念不仅仅是作为一种本质的表白，而是告诉我们什么行动会产生什么效果的一个预示，它们出现于一定的情境中，作为具体情境中一种行动的计划和建议，作为一种假设参与到思维和行动中来，作为对一定的操作的预示，其意义要根据行动的目的和行动的效果来确定，要注意，这里所指的操作是广义的，它们可能是实际上的或者想象中的，物理上的或者象征的，一个对过去的操作的摘要或者一个未来的承诺。显然一个观念的意义并没有被任何操作的数目所竭尽，因为总有存在另外一种操作的可能，因此观念的意义总是伴随经验的丰富而不断成长的。因此探究的过程同时也是澄清、丰富和检验观念的过程。此外，我们从中推理的材料也不仅仅只是被给予思维的，而是被思维所采纳的。我们之所以采用这些数据而不是那些数据，是因为我们觉得沿着一个路线而不是另外一条路线进行探究的最终结果与我们手边的目的更相关，更有助于对某个问题的解决。在每一个探究的运动中总是存在普遍的目的论整体，它设定了相关的框架，我们在此框架内为可能的前提挑选数据，我们的思维作为探究，必须是一种朝向解决某种而不是别的事情的探究。我们想解决什么取决于我们的动机或者意图，这些动机或者意图作为一个情境的构成因素进入探究。

从这个角度看，不能把消灭认知者主观意图看作是正确判断的一个前提，否则它就不能解释存在如何变得有意义或有效，因为认知者的意图和目的成为判断的真假性的一个检验来源，也不能认为判断与存在分离，否则判断就没有办法揭示任何与心理上的惊奇不同的新的东西，判断的客观所指也不应该是所谓的准备好了的、作为最后目录的普遍的、完整的存在，而应该是一个不完全的、不确定的情境，判断的功能也不只是报告这个情境，而且是重建、重构、完成它。判断不只是事不关己的旁观和汇报，而成为一种实验的转变过程，通过赋予先前的情境的结构以新调整，对其进行修改和补充，从而将不确定的情境转变为一个相对确定的情境，因此判断包括真正的发现和学习。

3. 蕴涵关系的根据

蕴涵关系是演绎逻辑的基础，被看作是有效推理的客观关系和三段论的基础，关于蕴涵关系，实验的逻辑学家和传统逻辑学家都认为它是一种客观关系。他们的分歧在于蕴涵关系的本体论地位和方法论功能。根据以上观点，实验逻辑学家认为命题之间的蕴涵关系不可能是本体论上在先的，因为命题的意义和真假性要取决于其包括其应用的语境和人的目的所构成的推理系统及根据该推理而实践的后果，而当命题脱离它们操作于其中所有推理程序的时候，仍然不能仅仅根据其自身被看作是真的或者假的，因为它们至少必须被分享或者被断言。而断言始于一些先前的推理的表达在命题中的最终结果，接着进入到别的命题。断言是推理的一部分，要根据推理来理解它。因为我们能够发现 p 是否蕴含 q 的唯一方法是看 q 是否能够从 p 中推理出来。因此，蕴涵关系不可能脱离推理探究而在先存在。

从方法论的角度看，三段论中的“那么”是根据什么产生的呢？我们为什么认为它是正确的呢？对此，传统的逻辑学家给出心理学上的解释，认为是直接的理智直觉或者是自明的心理上的强迫或是自愿的预设，这些解释把三段论建立在不可公证的、混乱的沙滩上，因为这些因素都是人各不同的，有人给出约定论的解释，认为蕴涵的规则不是在直觉中被给予的也不是为思考的题材所决定的。任何逻辑体系都是可以一致的，决定人们在面对经验的时候会持有哪种逻辑体系，则取决于人们甜蜜的意志和便利。对此，胡克指出，姑且不论关于一致性的不可克服的困难和簇集在“意志”“便利”周围的潜在的心理假设，这种约定论的解释仍然存在一个基本的问题：这些武断的发明出来的蕴涵规则通过什么奇迹应用到存在上去呢？即使存在不止一个有效的逻辑体系，我们也不知道究竟哪个便利，何况不是所有便利的逻辑都是同样平等的有效的。此外这种观点一定支持一种盖然性的先天理论，因此我们就有权向它们问一个问题：什么是任何一套随意挑选的逻辑原则或者科学原则的先天盖然性理论，它能够让我们像过去一样充分组织我们的经验，甚至能够预见未来的经验？答案是压倒一切的反对盖然性，一个持续系列成功的应用和预见应该只是一个持续的幸运事件的运转。如果逻辑是用无意义的符号根据便利的规则玩的武断的游戏，那么它怎么能够作为一个哲学探究更不用说科学探究的工具呢？实验逻辑学家跳开了这些困难，认为蕴涵关系是我们在实际地获得知识的过程中所遵循的客观的、行为－程序中发现的。正是这些行为－程序，而不是某种古怪的意识，定义了思考。正是根据这些最终导致知识产生的程序，我们才能够客观的证明一些程序的规则比别的更有效。对思考的研究并不是恶意的闯入逻辑，因为思考是某种在世界里面进行的东西而不是在心灵里面进行的东西。

命题的逻辑蕴涵关系在现实的操作中的一再成功意味着事物之间的因果联系和关于这些事物的命题的逻辑蕴涵关系是异种同形的，如果三段论的原则是真的，是因为自然中的某些事物就是按照三段论行事或能够按照三段论来安排秩序的。

4. 指导原则与推理规则

传统逻辑把推理看作是一种内在的思维活动，推理规则是我们在作出结论的时候自觉遵循的原则，它不是来自后天的经验，而是来自先天的直觉，认为推理规则的有效性与推理者、推理的环境等发生学的问题无关，不以后者为转移，而实验逻辑认为思维本身就是一种我们原来理解和控制环境的工具，是我们对困难境地的一种反应，推理作为思维形式和主要的思维活动，应该是一种自然的事件，我们应该像对待别的自然的事件一样来分析它。作为一个过程，推理与别的自然活动不同在于它以知识告终，它是一种获得知识的技术，作为一种技术，推理具有所有技术的特征而要理解思维的技术必须知道思维在其中进行的世界的一些性质，因此推理就不只是一种在我们的脑后进行的心理过程，而是一种存在的事件，要根据客观的操作去描述它。推理作为获得知识的技术，作为一种工具，斡旋于两种经验之间的，在两个方面指向和被控制于世界：其一，是自然结构的事实，它决定我们推理的技术的特征；其二，是客观的目的和问题，它决定推理的方向。因此推理的有效性并不是与其被运用的情境无关的，而是要根据其在获得确实性知识上的效果来确定的。

由于我们思维的目的是为了确定信念，解决问题和重建连续性、消除不确定性，而不同的思维方法所取得的效果不同，其中一些能够带来更少的冒险、模糊和不确定性。对于我们的思维目的而言，我们把它们称为好的思维，因此思维的方法首要的不是合乎逻辑而是好的或者坏的，这取决于我们是否总能够从真命题得出真或假的结论。为了保卫我们的推理过程和消灭冒险，我们将那些以前证明是极其成功的思维方法外推出去，我们称好而安全的思维方法为有效的方法，将它们运用到所有的情形，不论具体的前提或者结论是否真假。传统逻辑学家所尊崇的推理规则就是这样的方法之一。

胡克指出，从这个角度看，我们发现逻辑思维规则自身首先并不是合乎逻辑的，而是好的或坏的，这取决于它们通常是否能从真前提出发给予真的或假的结论，或是否在最后形成对所有人来说都是一样的有关存在的性质的信念[32]，可见，推理规则不是什么神秘的直觉，而是我们的一种思想习惯，经过证明对调整、改变和改造我们的环境有效以后，在实践中成为固定的和标准的。我们的任何行动都是在一定的信念支配下进行的，思维产生于信念的危机，终止于新的信念的建立。推理规则就是用来帮助我们更好地确立有效的信念的技术。因此在传统逻辑那里，与具体存在无涉的永远正确的推理规则在实验逻辑看来，不过是一种大量的实践证明是好的、总是有效的思想习惯而已。

逻辑规律并不是来自直觉，也不是来自于经验，也不是某些自然的或者先验的意识的武断的命令，而是与自然中的一定的结构和功能性的不变量异质同构而不是等同的[33]。正因为如此，我们能够依靠它们合理的组织我们的经验，预期我们实际上经验的知觉的连续性，避免冲突，后者是我们所拥有的检验这些逻辑规律的可理解性、持续性和有效性的唯一检验方法。但是尽管有了它们我们就能够避免冲突，但是没有人能够从逻辑上证明它们总是必然而充分的避免冲突。它们不可能被反驳，但是它们可能会成为不可解释的和无意义的。因此逻辑规律不是空洞的，而是告诉我们关于实际世界的事情，既然我们不能从逻辑上证明它们永远正确，那么我们只能把每一个逻辑的额外的应用到存在，作为对其不变性的一个实验的证明。由于世界总是开放的、可变的，因此我们不能依靠所谓不变的逻辑规律演绎出世界，也不能依靠世界来演绎出所有的不变的逻辑规律，而只能把逻辑规律看作是一种大量经验证明有效的心理习惯，作为工具，来为我们的目的服务。

进言之，逻辑中的规范的东西只是对那些在具体的探究中成功的操作的存在的探究的程序的一般特征的描述。逻辑的有效性最终立基于自然的事实，它可能独立于任何具体的推理的物质上的真理 - 价值，但是不会独立于所有的这种推理的真理 - 价值的类。当我们对一个主张的逻辑有效性产生怀疑的时候，它只是一个检验。如果这种主张的类从物质上真的前提给我们物质上的真的结论，它就是有效的。如果不能，就是无效的。

5. 演绎与归纳的统一

在胡克看来，任何真正的推理都包括从已知跳跃到未知，为了保证我们不至于盲目的跳跃，我们采纳在别的场合帮助我们安全的跳跃的技术上的演绎保障机制，但是这种机制过于安全，其代价是我们的推理网不到任何新东西。一个滴水不漏的证明是同义反复，否定任何东西能从逻辑上被发现。因此就产生推理的悖论。

但是，只要我们拒绝将演绎和归纳分离，拒绝那种认为它们是分离的探究模式的传统假设，推理的悖论就立即消失。

传统逻辑之所以陷入推理悖论，是因为它们一开始就通过假装归纳包括从特殊到特殊的推理，因此不能获得有效知识，然后将逻辑有效性只归结为已经完成了的过程的形式的蕴涵的特征。

但是，在实验逻辑看来，归纳并不是如此，而是一种作为通过快乐的猜测来发现的方法，它为我们提供推理的材料，演绎法是我们通过理性洞识来获得证据的方法，我们根据演绎原则组织归纳所提供的推理材料，并根据组织产生的结果来受到检验。供以演绎的材料对于发现满足手边的目的的相关前提和数据极其重要，它们一被发现，结论就成功。而所有富有成效的思维正在于发现合适的前提。但是前提包括初步的实验，包括潜在的指向一些活动，这些活动在有效化的过程中得以明确，因此演绎和归纳是整个推理过程中不可分离的阶段。因此胡克指出，将归纳和演绎分离，“就是忘记了我们是在行动中检验我们的发现的，忘记推动我们前进的证据中的每一步都是对设想为假说所持有的结构模式的一个揭示和一个发现”[34]。没有证据的发现是盲目的，没有发现的证据是空洞的，它们都作为控制和保护我们的推理的结论的过程中的阶段。在控制被应用到我们开始进行探究的地方，我们谈到归纳，在它被应用到我们得出结论的过程中，我们有演绎。这两个阶段都是相互渗透相互影响的，在实验逻辑中，它们不再是对立分离的，而是相互配合的，成为我们逻辑控制的两个必要阶段。

（三）实验逻辑的优越性

基于以上比较和阐述，胡克指出，作为一个逻辑探究的工具的实验逻辑相较于传统逻辑，具有以下优越性[35]：

独立自主的逻辑：由于实验逻辑通过根据预期的后果来定义观念的操作上的意义和其有效性，因此在思维的方法和思维进行于其中的世界之间建立了一个连续性。没有必要援引一个神秘来解释逻辑应用于存在，从而避免了把科学看作是一个有精美形式的错误的那种灾难性的傲慢主张。

发现的逻辑：实验逻辑通过强调观念的预期的、重建性的功能，因此解释了思维的具体功效和创造性的可能性。它是一个有意义的一点一滴的发现的逻辑。

进取的逻辑：实验逻辑通过主张自然秩序的理智或者合理性（作为与其可理解性不同的东西）取决于人的反思性的活动，因此它赋予我们的责任是去将自然存在的粗野性转变为理性艺术的一个组成要素。

广阔的逻辑：实验逻辑在拒绝赋予形式逻辑以绝对自治后，寻求揭示更广泛的语境和探究，根据实验逻辑，一些逻辑的边界问题得以阐明。

实验逻辑并不反对形式逻辑，而是包括形式逻辑。传统逻辑总是躲在知识的胜利进军的后面，总是出现在战斗已经取得胜利的领域——巩固战线，帮助加强反对反攻击的立场。而实验逻辑则出现在知识与无知的力量之间进行的搏斗的每一个过程之中。它出现在每一个突围和袭击之后，它不只为失败者提供理智的急救，而且为精神的冒险者打开新的道路和签证。

探究的逻辑：实验逻辑根据其连续性原则，拒绝将探究的过程从探究的结论、方法从结果、手段从目的、技术从观点中分离出去，因此它提供了探究包括科学的经验或者智力的经验以外的别的类型的经验的标准和准则结构的唯一可以得到的工具。情感的逻辑、艺术创造的逻辑、发明的逻辑、社会控制的逻辑、伦理评价和伦理洞识的逻辑，这些逻辑，一旦条件具备，都仅仅服从于实验逻辑的范畴。

健全的逻辑：实验逻辑提供了从哲学上消灭虚假问题的唯一方法。根据这种方法，宗教的问题和认识论的问题可能被发现根本不是什么问题。

总之，在胡克看来，实验逻辑是与世界中的人和人的世界的性质和关系相符合的，它不仅有效地克服或避免传统逻辑所遭遇的困难和指控，而且将传统逻辑吸收到自己的逻辑中来，实现归纳和演绎逻辑的统一，使得这两种逻辑各得其所，相得益彰，充分发挥作为认识的工具的功能，而且可以为我们从事认识必然性、改造世界以不断延伸和扩展人类自由的版图提供一个相较更优的逻辑工具。

三、自由与科学方法

自由在于对必然性的认识，实验逻辑是我们所拥有的认识必然性的最好的工具逻辑，而“方法论在其最广泛的意义上成为逻辑的领域，科学方法成为实验逻辑的具体的领域”，科学方法是实验逻辑在方法论上的集中体现或者说对应物，实验逻辑与西欧的科学方法的运行的传统之间具有连续性，它是有意义的探究理论，是控制的逻辑，而科学方法是科学探究的方法，是科学控制的方法。

胡克指出，既然人的目的与世界的发展之间具有天然断裂性，因此人类自由就不是一个坐待时间来兑现的东西，而表现为一系列有待人们去争取的活动的结果，而思维比起别的行为方法能够更经常更有效的帮助我们征服行动的障碍，但是不同的思维方法，所产生的效果也不同，只有那种总能够从真命题得出真或假的结论的思维方法、那些以前证明是极其成功的思维方法才是好而安全的思维方法，从实验的逻辑上讲，我们就把这种思维方法看作是有效的方法，主张将它们运用到所有的情形，不论具体的前提或者结论是否真假。

由于我们对任何方法的判断都不能脱离一定的情境，都基于在此语境中所取得的效果来判断，而任何具体的情境都是不同的，因此我们不能把任何一种具体的方法视为普遍的方法而加以推广的，我们唯一可以视为普遍有效的方法应该是从在所有那些情境中获得成功操作的探究活动的客观的行为程序中寻找，那个为所有成功操作所普遍采纳的一般的科学探究的程序和模式，根据实验逻辑，应该被用来作为普遍有效的科学方法，所谓“普遍有效”，只是在假设的、实验的意义上使用，而不是在真理的、绝对的意义上使用，根据这种科学方法我们才能够客观的证明一些程序的规则比别的更有效。

因此，胡克所指的科学方法是广义的科学方法，即科学探究的方法，它不是指是各种具体的自然科学所采用的具体的方法，而是指一套为成功的科学探究活动包括自然科学研究活动所共同采纳的一般的原则、程序和模式，在胡克看来，前者是一套与各种工具相联系的专业化的技术，其中每一个技术仅仅适合一个被限制的题材，而后者作为一般原则，帮助有效的组织和评价经验，从而提供可靠的知识，胡克指出，在任何情况下，“正是作为一套一般的探究的原则的应用的科学方法而不是作为一类具体的技术的科学方法，是我们获得可靠的知识的合理方法”[36]。

科学方法在胡克看来，对于人类自由的实现具有极其重要的意义。胡克曾经自认把自由视为自己一生的事业，而自己一生所为尽管从表面上看，无论思想还是行动，常常是相互矛盾的，有的地方甚至是完全对立的，但是他认为由于他终身奉行科学方法，把它作为自己思想和行动的指南，因此从这个角度看，这些思想和行动上的矛盾就烟消云散，他的一切都是围绕理智的自由而展开，而自己之所以能够先人一步，做出许多准确的预见，避免许多的曲折，这一切也归功于科学方法的应用。

到哪里去寻找科学方法？

在胡克看来，我们之所以把一种方法称为科学方法，首先就是根据它在推动和实现人类自由方面所已经作出的巨大功效，一个不能将其意义和价值体现在外在功效上的方法，是不能够称为科学方法的。因此我们首先就应该到人类自由的历史长廊中去寻找，而工具是我们赢得自由的手段，人类自由的发展历史充分表现在工具的创造、发展、使用和改进的历史上，因此应该从我们的工具发展史中寻找科学方法，也就是人类的工艺和技术成果中寻找。

其次，作为一种普遍的人类自由的方法，它应该在不同时代的人们中留下成长的足迹，也就是说在古代人那里特别是原始人那里就已经被采用，有其人类学上的依据。

再次，作为一种富有生命力的有效的普遍方法，它应该为当代人充分的应用，在当代充分的展示其功效，在当代人类征服环境、拓展自由上展示骄人的风采。

不满足这三个条件，科学方法就不能从实践和历史中获得充分的事实上的依据，而我们也可以从这三方面着手，探究科学方法之所是。

人类学的证据无可置疑的证明原始人类全部解决了适应和生存的巨大问题，原始人类处处都在选择不同手段来达到其特殊目的，改进这些手段，并考察这些手段在达到固定结果上的相对效力。人类学家们也普遍承认原始人类对待环境挑战的实验的、常识的、实际的态度。这种态度和做法在原始人以后的时代都得到反映和改进，而对人类的工艺和技术的常识性操作的考察，充分揭示在科学方法的一般模式和人类努力控制环境的初步获得知识活动的合理程序之间，并没有什么严格的界限可言。而当代科学技术突飞猛进，“当代天文学和物理学打开了宇宙激动人心的新维度：它们使人类能够通过天空旅游探索宇宙，生物学和社会行为科学扩大了我们对人的行为的理解”，“我们通过自然科学、生物科学、社会科学和行为科学获得宇宙和人在其中的位置的知识”。“我们赞赏科学技术（尤其是基础和应用研究）能够给人类带来的巨大益处”，而作为20世纪的三大文化巨人之一，“爱因斯坦的思想已经很大的改变了人在自然界中的地位并且可能也改变了人的天然的栖息地。他的思想已把人力之所能及扩大到这样一点，即不久以后，人可能冀求高攀上奥林巴斯诸神的职位。这些神的力量是伟大的，但不是无限的，而它们的智慧并不与其力量相称。既然人们今天正为他们的心灵和双手所曾作的徘徊不知所措，他们就认识到单靠在支配自然的力量上的任何进展并不能解决任何有关人性和社会的问题。比因近代物理学的成功而获得的力量上的增长更加重要得多的或许是与物理学基本概念的发展相联系的这种理智上的革命”[37]。人类自由历史的长河充分展示了具体的科学技术方法的成长史以及对人类自由的贡献史，在这些具体的科学技术方法背后，不变的是一种愈来愈被确定、丰富和自觉采纳的科学探究程序和模式，由于它的作为在一切世代一切有效的认识和改造环境中唯一延续不变的思维和行动模式，因此根据实验逻辑，我们应该把它看作是与自然的结构相符合的，揭示了自然的不变的秩序，它也是与我们的理性符合的，揭示了我们思维的不变的逻辑结构。可见，胡克所讲的科学方法不是从科学逻辑中演绎出来的，或者是从哲学方法或者宗教教条中得到的，而是通过对原始人到当代人的活动的成果，从人们日常经验中所采用的技术行为和推理习惯进行分析，发现他们所奉行的理性和可理解性准则，并将这种理性和可理解性的准则进行提炼才得出的。因此胡克指出，“我认为我们有相当理由相信，在任何时间、任何地点都只有一个可靠的探究关于事物本质的真理的方法，这个可靠的方法在科学的方法中达到充分成熟”[38]，它是我们在一切世代认识和改造环境中所必须遵守的科学探究的方法。

这个科学的方法具体表现为科学探究的一套模式和程序——看出问题所在、陈述假设、做出推论、执行实验、并进行观察[39]。这种模式是有常识和科学的历史成就的累积力量特别是现代科学技术在解放人类潜力、征服环境和实现人类自由上面做出的惊人成就所支持的。从传统逻辑的角度讲，是不能把它作为知识的坚实的第一原理，因为我们按照它思维和行动，并不能使我们的思维和行动获得逻辑的必然性或必然的保证，但是从实验逻辑的角度讲，由于它们是受过检验的、为人们普遍同意的，总是有成效的，因此就可以说获得了逻辑上的可靠性，这种可靠性不是绝对的，而是相对的，它不能保证它所获得的知识是绝对正确的，行动是绝对合理的，而是指出是相对最正确最合理的，因此建议将它作为普遍的程序和模式运用到一切领域。

在胡克看来，方法是第一位重要的，科学方法比科学技术更根本更重要，因为科学技术之所以取得如此大的成就，相当原因是因为它们采取了科学方法。科学方法应该运用到科学研究的一切领域，才能保证科学成为有助于人类自由的力量。从科学研究自身而言，如果放弃科学方法，就不能保证成功，就科学研究的成果而言，如果不采用科学的方法进行应用，就不能可靠的实现其效果，就科学成果的社会效应而言，如果它不能够在一个用科学的方法组织起来的国家和社会中利用，就不能担保它仍然是推动人类自由的力量。对此，胡克耸人听闻的警告："过去暴君以原始的技术统治，今天，精密的科学技术的掌握，不可计量的增加了残酷的人能够加与被它们统治的人身上的恐怖的限度和强度。"科学技术的成果如果被反科学的人所利用，或者被用于反科学的目的，或者被不科学的使用，后果都是不堪设想的。

科学方法之所以具有如此重要的地位，发挥如此重要的作用，也是有其理论上的根据的，在胡克看来，科学方法是理性控制的方法，归根到底是人们人人共有的理性选择和结果。

（一）科学方法是理性控制的方法

与传统哲学把理性解释为一种为人所独有的，能够从现象中洞识本质、从概念中演绎存在的高级的认识能力，或者将理性描述为一种简单的、机械的加减的推理能力不同，胡克从探究的角度给理性作了新的解释，他也不满足于皮尔士关于理性是为目的因所支配的说法，而是认为理性是"在追求目的因的情境下，利用手段和情境所提供的材料，以求达到手段与目的之间的最大限度的彼此适应"[40]。在胡克看来，理性与其说是一种推理不如说是一种强的判断力，像机智或者幽默感一样，它也是深深地扎根于我们的基因结构和我们的习得行为中，尽管不同的人的思考的能力会有所不同，但是理性作为一种天生的能力在他们身上都获得同样广泛的分布。为了与传统的带有超验的、神秘性的、思辨性色彩的理性观区别，胡克常常将理性称为理智，为了与传统的将理性贬低为一种简单的计算相区别，他有时候以智慧取代理性的称谓。

胡克对理性的理解是与他对人的观念的理解相适应的，像杜威一样，他认为心灵是一种具有适应性的功能的官能，人的大脑是人们用来形成协调未来的适应习惯的工具。理智不是别的，不过是将一个困难情境和一个不安全的有机体融合到一个新的和谐统一体中的控制论综合。理智的首要作用就是去统一，理智的操作导致情境朝向一个有利于问题的解决的方向改变，将自然秩序改造为一个合理秩序，从而实现一个进行中的人的自由的扩大和解放。“所有的理智思考意味着一个行动中自由的增加，一个从偶然和命运中解放”，这种思考将过去的经验转变为知识，计划将这种知识作为观念和目的，用以预见将来会形成什么，表明能够要的东西如何可以实现。因此，“理智的功能是——也许最好说可能是——不仅仅保卫现存的善，不仅仅避开有害的东西，而且增加新颖的和创造性的活动的可能性，它保存和谐存在的价值而且解放新的价值。”[41]

人们的理智的成就体现在工艺、科学技术等思想和实践的产物以及我们的日常事务中的通常做法中，通过对从原始人到现在的人的理智成果和我们在日常事务中的做法的分析会发现，他们在这些行为中所采取的一些合理程序，和我们当今在科学研究中采取的一般模式是相同的，“我们在日常生活事务上用以获得结论的合理程序，和我们用来在先进科学上做出最奥秘发现的程序之间的连续性，是不能打断的，一打断就会使整个科学事业变成一种神秘”，“因为任何科学都是以一些这类合理程序开始，而且最后仍然回到这些程序上来”[42]。这种合理程序也就是基本的探究模式，它不是属于任何特殊科学的特殊技术，“在任何知识领域里，如果我们拥有的关于世界的知识能称得上受过检验的、为人们普遍同意的，那么这个领域内的合理程序在任何形式方面都是一样的”[43]，因此这种合理程序即科学方法，作为人们的一种理性的选择和表现，不仅可以应用到自然科学的探究中，而且可以尝试着应用到其他领域的科学探究中，因为研究的对象尽管不同，但是它们所共同的合理程序是一致的。

（二）科学方法是确定信念的唯一科学的方法

胡克指出，尽管理性为人人所共有，但是并不是所有的人都会按照理性生活，都会将理性的方法——科学方法自觉的应用到生活的一切领域。对此，胡克不无讥讽的说：“传统上，人被定义为一种理性的动物，但是对人的情景进行观察的人们会讽刺而可笑的发现作为一个理性的存在，人的行为实在是很奇怪的。在一些相对不重要的事情上，他的举动是相当合理的，在一些领域，正如技术史所表明的，显示了令人钦佩的独创性，但是在所有与伟大的生死有关的问题上，无论他是要求社会的还是个人的决定，他往往看起来都是一种冲动的或者机械习惯的生物，是一个本能或者狂热的忠诚于滋养他的传统中的生物。”[44] 人们在自然科学探究中采取的科学方法并没有转化为导致其他领域的革命的力量。因为人是一个动物而不是一个天使，有生物上的冲动和需求的生物，有以自我为中心的欲望、情感和兴趣的。他的冲动和需求大体上决定了他的理智采取的方向，他的情感和欲望有意无意地决定了他的行动的目标，他的兴趣，来自于他的文化传统、经济上的阶级、社会地位，这一切导致他在行动上总是会有所偏爱的，在尤其涉及与人的利益相关的领域，因此人们常常不为理性所左右，不能自觉将科学方法运用到生活的一切领域。

但是，胡克指出，在一个存在冲突的世界上，在一个总是有许多问题有待解决的世界上，在一个环境对我们构成强制的世界上，理性无疑是我们目前为止最可靠的依靠力量。既然任何行动都是有其后果的，就是不行动也是一种行动，因为它仍然是有其后果的，因此对于我们的自由来说，重要的不是是否行动而是如何合理的行动，而任何行动都是一种选择，都受到一定的信念所支持，因此如何合理行动的问题也就转化为如何确定正确的信念的问题。皮尔士指出，存在四种确定信念的方法：有的人听任感觉作为行动的指南，其后果是往往成为欲望的奴隶，有人逃避问题，但是不选择也是一种选择，而且是一种最不自由的选择。有人诉诸神圣的学说，诉诸信仰，诉诸传统、习惯、法律、暴力、神等，但是我们发现那些权威和学说自身就是矛盾的，不堪实验和经验的检验的，它还会带来自然和社会资源浪费，挫败人们的创造动力，激化物质和心理的不安全感等恶果。只有依靠理性，依靠科学方法确定信念才不会缩小而是扩展、不会损害而是能保障我们的自由，因为尽管在我们做出重大的和长远的决定中和在通常的日常生活中的决定一样，理性总是与我们的害怕和希望、欲望和激情相关联的，但是理性不是它们的奴隶，在我们试图想出摆脱困境的方法的努力中存在一个目的－手段连续体。我们挑选出来以实现我们的目的的手段重新决定了目的，该目的反过来又导致我们修改我们的手段。因此理性是可以自我调节的，“理性是它自己的合法运用和限度的法官”[45]。

为什么按照科学方法确定的信念会是正确的呢？因为当我们感觉需要开动思维、确定该如何行动的时候，是因为我们遇到新的情况，使得我们旧有的信念发生危机，因此所谓确定信念，就是如何用一个适应新的情况的新信念来取代一个已经失效的旧信念，因此它其实不是设立信念而是调整信念，不是稳定原来的信念而是提供一个能够更有效地控制情境、预测未来的新信念，一个与原来的信念连续又包容新情况的新信念，而科学方法恰恰是从观察问题开始，以将一个不连续的情境转变为一个连续的情境的科学有效的方法。

尽管科学方法是我们确定信念的唯一科学的方法，但是胡克指出，这并不意味着我们根据科学方法确定的信念来做出的决定、选择、行动就一定正确，事实上，犯错误还是有可能的，但是错误的原因不一定在于理性和科学方法，而可能在于别的原因，如没有彻底的依靠理性或者使用不当或者错误的理解理性的操作原理等，即使运用科学方法而做出的对未来的决定是错误的，也不像利用别的方法那样常是错误的，而且不论我们有多大的错误，科学方法都是能够从自身求取改正的，我们继续运用这种方法便会使错误越来越少，要知道理性和科学方法的应用不是一蹴而就的，而是要通过不断的尝试不断的实验不断的改进的。理性和科学方法也并不天然的排斥宗教、传统、习惯、法律等，而只是不把它们作为豁免的特权群体，把它们像所有别的资料和对象一样放在经验、试验中进行衡量，把它们作为可资使用的工具适当的应用到解决问题中，并根据解决的后果来确定这个工具的适用度，决定对工具的处理。“在一个偶然的世界中，理性只是一张保险单，而不是一张通向永恒的幸福的门票。”[46]理性和科学方法不能保证我们对世界做出的合理的认识都一定是不会错的，理性也不能保证我们总是能够成功的避免不同的价值的冲突的，“它要求的只是反反复复、持续不断的直到最后可能的时刻，提议商谈冲突，希望到达一个可以接受的即使不是理想的解决”[47]。尽管理性存在种种不足，但是在我们能够寻找到更可靠的方法之前，我们应该依赖理性，依赖科学方法，因为这样做，是在延伸合理的决定的模式，这些模式是无论怀疑主义者还是普通的人在日常生活经验中都遵从的。既然要想在一个存在冲突的世界上生存，其条件是至少在一些情况下运用理性。那么为什么不可以将一些成功的模式进行外推呢？我们应该把科学方法作为确定信念的唯一方法，从而较少行动的盲目性和行动所带来的后果的伤害。

（三）科学方法是获得知识的最可靠的方法。

在胡克看来，人不仅能够提出关于事实的可靠观点而且能够提出关于价值的可靠主张。“不仅能够获得关于用以实现设定的目的的最好的手段的客观知识，而且能够获得关于在目的受到争议或者发生冲突的困难情境中的最好的目的的客观知识”，而科学方法是我们获得关于自然界、社会和人的真理的唯一最可靠的方法。

如何理解这个命题？在回复谢尔顿教授的批判的时候，胡克特别作了说明，他指出他只是建议用这种方法去获得知识、确定可靠的主张，而不是获得审美经验和情感体验，后者不构成知识，因此他承认世界是可以通过知识以外的方式遭遇的，承认科学方法不是有效的，声称是这种遭遇的唯一方式，而是获得知识的最可靠的方法。

所谓“唯一”，并不排除别的方法的有效性，而是强调只有科学方法能够将所有别的有效的方法包容到科学探究活动中来，而反之则不行。所谓“最可靠”并不是理想意义上的，而是现实意义上的，也就是说，这不是从逻辑上演绎出来的，而是从大量的经验证实的事例和人们行动的模式中提炼出来的一种假设，它作为一个暂行的真理，建议人们将它普遍的采纳，因为它往往能够现实的兑现人们理解和控制对象的承诺。

胡克指出，以往常被人们用来获得认识的方法有归纳法、演绎法，而归纳法往往是与认识论上的反映论相适应的，认为所谓科学的知识就是对客观事物的无偏见的镜子式的反映的结果，它要求消除认知者个人因素对认识的干扰，而强调对象对认识的真理性的控制和决定的地位，而演绎法则往往与认识论上的构造论相适应，强调科学的知识应该是获得所有认知者普遍同意的知识，其真理性依据不在于变幻的外物，而在于内在的客观的思维逻辑，因此归纳法主张从研究的现实事物出发，承认现实事物存在的确实性，但是只是以物的客观性排除人的主观因素为代价的，而演绎法对现实事物充满不信任，为了从一个坚实的基础出发，甚至主张对所有事物包括我们感知到的事物和思考的事物进行普遍的怀疑，从而寻找到一个不变的第一原则，在此基础上，依靠客观的逻辑构建科学的知识体系。

但是胡克指出，从对心灵的特征、思维活动的现象学的分析可以知道，我们的认识不可能是客观的反映论，原因有三：其一，我们总是带着我们的个人动机和目的进行认识的，动机和目的进入一切认识活动中，制约认识的方向和起止，我们不可能如镜子一般的接受一切投入我们的感觉器官的信息，而总是有所选择的，选择进入到认识的全过程中，决定我们如何选材、组织材料和应用材料，其二，我们不仅不会也没有必要是反映所谓的客观事物，因为所谓实在是一个价值论的概念，我们所要求的是理解和控制事物，是去改造和构造事物，而不是仅仅做事物的忠实的描述者，由于任何认识都是认知者的认识，而任何认知者都是在一定的情境中，带有一定的目的去认识的，而且我们所需要的也是情境中的知识，因此所谓的镜式反映不仅是虚假的而且是多余的幻想。其三，无论我们还是我们的认识对象都不是完成了的，而是在形成中的，成长作为一个发展概念进入一切认识过程中，认识过程是我们的欲念和事物的发展趋势之间的调适和塑造过程，在认识活动过程中，我们强化或修改我们的欲念，稳定或变革了事物发展的趋势，认识过程同样是一个学习过程、交流过程、协商过程、塑造过程，这些都是有其外部显示的。

同样，胡克指出，我们的认识也不可能从什么普遍的怀疑开始，确实没有怀疑就不会有认识，但是怀疑不是普遍的，而仅仅针对哪些导致我们的原来的信念发生动摇的事物和现象展开，怀疑的目的也不是为了寻找所谓的第一原理，而是为了理解和控制这些新情况，从而在行动上消除障碍，在思想上重塑信念，建立新的习惯。我们之所以能够获得知识，之所以能够消除怀疑，不是建立在对所有的具有知识和经验的怀疑的基础上，而是充分利用这些知识和经验，在实验的基础上重新不断扩大和丰富知识和经验体系，因此认识不是一种总是从零开始的批判活动，而是一种累积性的批判活动。作为每一次认识的收获的，不是一个个新奇的、彼此毫无连续性的、由于基于不同的第一原理因此彼此封闭的知识体系，而是对原有的知识体系的一个丰富，一个发展，它不是说只存在一个知识体系，而是说知识总是开放的，这意味着两方面的意涵，一方面任何既有的知识都不是绝对正确可靠的，而永远是要经受检验的，因此要用开放的心态来对待知识，另一方面情境作为一个构成要素进入一切知识中，因此每一次认识都是对原有的知识体系的一个检验、丰富和重建。

显然，只有科学方法不仅避免了归纳法和演绎法的不足，而且充分地将二者吸收到自己的方法体系中来，实现二者的合作式的共处。科学方法从现实的认识情境出发，把认知者认知的目的和动机、认知对象的固定性和开放性、认知者与认知对象之间存在的冲突作为自己认识的起点和构成要素，通过一系列的程序，为二者的平等协商和调适提供了充分的舞台，因此认识的过程就变成了展示的过程、交流的过程、学习的过程、合作的过程、互动的过程和改造的过程。在此过程中，感官与心灵、感性认识和理性认识、思维与行动、历史经验和现实问题、归纳与演绎、认知者和认知对象都获得平等的对待，给予自由展示的机会，作为科学方法必不可少的环节，实现有效的合作，为科学知识的获得做出贡献，因此科学方法所获得的知识是合作性智慧的结晶，它不仅承认认知者和认知对象的自由发展的要求和利益的正当性，而且为其交流和协商提供足够的机会，因此所获得的知识由于是建立在平等兼顾认知各要素的利益的基础上，是双方合作的产物，它不是抑制而是实现了双方，它不是对双方的强加而是兑现，因此赢得双方的支持，因此科学方法所获得的知识得到合规律性和合目的性的统一，因此实现思想上的统一和行动上的自由。

因此，科学方法是获得知识的最可靠的方法，它的成功不是由于否定人的目的性和动机，也不是否定了事物的必然性和规律性，而是利用了它们，因此实现了它们，所以被双方接受，成为科学有效的知识。要注意的是，科学方法不是一成不变的接受它们，否则冲突永远不能解决，而是在接受的基础上，促使它们实现了基于自愿的相互改造，因此尽管作为科学认识的结果，无论认知者还是认知对象，都已经发生了变化，但是这不过是实现了它们的新的成长。

（四）科学方法是唯一的将自由与权威相结合的方法

权威，作为一种无可置疑的标准和组织性原则，常常作为一种原点或者第一原理发挥作用，成为一种构成性的因素进入到思想和行动中来。但是胡克指出，只有把科学方法作为唯一的权威，才能实现自由与权威的结合。因此科学方法是唯一的能够将自由与权威相结合的方法。

在胡克看来，自由的实现自我的成长是世界中的所有事物包括人的最基本的要求，这种要求驱使世界运动起来，但是由于世界既不是一个设计完美的封闭的和谐统一体，也不是一个不可改变的封闭完成体，而总是一个开放的、多元指向的结合体，因此人与人、人与事物、人与自身在成长中的冲突是不可避免的，正因为如此，认识和思想才成为可能和必要。但是同样也因为如此，所以世界也不会完全听任我们立的法规运行，不会按照我们预先在思想中安排的路线发展，既然我们可以依靠我们的理性，有主见的参与和设计世界的运行的轨迹，但是也仅仅只是参与而已，而且参与的有效性仍然要取决于对所处的具体环境中的其他因素的必然性的把握和改造，因此那种设想从逻辑的指尖中会流出世界的想法完全是自大的天真。“如果整个存在是一个绝对的机械装置，完全的、不能改变的安排好的，那么，人类就可望达到完全的和绝对的自由，因为自由就成为理解和识透自然和人类本性的一种直接的功能。但是在一个似乎交织着规律和偶然的世界里，自由虽然是更可宝贵的，但是也是更难得到的。自然中不能预言的飞跃和跳跃，使依据不间断的连续的规律的假设所作的计算失效”，“因此，在一个散布着偶然性和活跃着可能性的开放的宇宙中，人类自由的生活，不仅仅是一种有组织的事业，也是一种生气勃勃的冒险”[54]，所以我们必须用一种开放的思维和态度来认识世界和人，来与世界和人交往，来直面自己，包括我们的欲望、逻辑和幸福。我们任何人都不可能提出关于世界包括人的永远正确的观点和主张，我们不能认为任何人、任何主张会永远正确，不会犯错，否则我们就会在现实中遭到挫败。

因此我们不能把任何具体的人、任何具体的主张、观念看作是思想和行动的无可置疑的权威和依据，如果我们渴望自由的话。任何人都受到自己的欲望和经验的限制，任何主张都带有具体情境的因素，我们并不因此就认为任何人都是同等的不公正，任何主张都是同等的不客观，而是认为无论如何，其公正与否、客观与否不是在先就可以确定的，而是要通过实验来证明的，也不是一次实验就可以证明了的，而是指这种判断不仅应该是建立在过去的大量的实验证据基础上，而且作为一种建议，应该在现实的实验后再来证明。每一次额外的运用都是一次额外的证明，结论总是要依据实验的结果，由大家在事实的基础上共同做出的。因此，如果我们想要在思想上获得解放，行动上获得自由，那么在思维和行动中，就不应该首先把任何一种观点或者某个人作为权威，从而享受观察、推理、实验等检验环节的豁免权，而应该把它们看作是供以挑选的选项，作为假设，根据它们与问题的相关性、它们在实验后的可以观察的效果来确定其意义和价值。

此外，把某个人或某种观念作为权威，还会由于把这个人或观念看作是固定不变的，因此限制了这个人的成长或观念的丰富或完善，因此损害了这个人或观念的自由成长。如果它要把自己的权威建立在理性的基础上，那么它只能维持一种脱离生活实际的理性，将理性风干化，否则活生生的、变动的、新奇的现实事物就会摧毁它的理性。如果它要把自己的权威建立在经验的基础上，那么它只能通过涂改或挑拣安全的经验来维持它，而对与其发生冲突的经验实行无情的压制或强制，无论如何，它们为了维持自己的权威，就不得不压制那些基于活生生的理性和经验而得出的与它冲突的、新颖的观点、压制那些基于与他不同的特别是冲突的利益要求思维和行动的人，因此在损害自己自由成长的同时，也抑制和妨碍了其他人其他观念的自由成长。

胡克由此得出结论：把权威建立在某个现成的观点或人等具体事物上，其后果总是以牺牲自由为代价的。

那么是否存在一种可以将自由与权威结合的东西呢？胡克指出，只有科学方法能够实现自由与权威甜蜜的联姻[48]。

胡克指出，与别的权威不同，科学方法不是一种具体的方法和操作，而是一套科学探索的程序和一般模式，它不是像别的权威那样惧怕和排斥异议和新颖的事物，而是接受和鼓励他们，把它们作为丰富自身的营养；它不像别的权威那样建立在人们的一种盲信上，因此惧怕彻底的理性，特别是面向新颖的理性，而是将自己的权威性建立在人类文明史、技术发明史和当代科技的伟大成功等一系列为人类自由作出贡献的成就上，建立在最古老和最现代、最粗糙的日常活动和最精微的科学研究活动之间的连续性上，它不惧怕彻底的理性，而是欢迎它，永远对理性开放，把将理性坚持到底作为其目标和成就之一；它不像别的权威自诩永远正确，因此惧怕任何危及其永远正确的反例，而是把任何反例的出现看作是自己活动的起点，通过一系列的程序，将反例组织和吸收到新的知识体系中。它的权威性最终建立在它是实现人与环境和谐、人类自由与潜能的实现、自然和社会的进步所最有效的方法论工具上。因此它的权威不仅不是与自由对立的，而是互因、互惠的。

把科学方法作为权威，并不是说所有通过科学方法所得出的结论就是永远正确的，而是说，获得一个观念的方法应该成为对该观念的意义的理解的一个构成要素，任何观念如果是通过科学方法获得的，就应该被看作是比我们所知道的通过别的方法所获得，具有更大的确实性，更足以作为思维的资料、行动的指南。

（五）科学方法是合作和控制的唯一方法

因此，科学方法还是合作与控制的统一。对科学方法的分析，可知科学方法是克服二元论的最好方法，在此有机体与环境、经验与理性、思维与行动、精神与物质、主体与客体、工具与目的、心与物、新的事物与旧的观念等都获得平等对待，通过科学探究的程序而密不可分的联系起来，得到平等互惠的交流和互动，实现合作与控制。在科学方法中，所有曾经被视为对立的因素都变成了互惠的因素，它们联合起来，作为具有不同特点和职能的工具，各尽其能，各守其职，相互配合，它们的联合不是被强制的结果，而是组织的结果，这种组织之所以成功，不是因为强制，而是因为它是按照这些因素自身的不变的秩序和特点来组织的，因此科学方法是一种科学的组织方法，它之所以能够把所有那些它所使用的因素变成有效的、合作的工具，是因为它同时是把它们每一个作为目的来对待，因此从每一个环节看，每个因素都是目的，而从整个程序看，每个都是手段、工具。由于把它们作为目的，因此能够激发和利用它们合作的智慧，由于最终把它们作为手段，因此能够达到控制的目的，而不至于为它们所左右，不至于偏离将不稳定的情境转化为持续、稳定的情境的目的，因此控制与合作也是互因、互惠的。

由于科学方法不把任何一方的利益和要求看作是特权的，而是平等对待的，它不以任何一方的利益为中心，而是以共同的利益为中心，在征服困难处境，调解冲突以实现共同的自由的共同事业中，科学方法充分调动和利用所有这些相关力量的合作性的智慧，不仅依靠这些智慧实现了对困境的控制，而且在此过程中，通过对各因素的控制性合作，而使得各要素的意义和价值也获得丰富和发展，因此能够成为那些具有不同的甚至对立的利益和要求的因素的唯一合作的方法，它将对立的、竞争性的互相损伤转化为欣赏性的互相学习和进步，控制削弱的后果，强化合作的潜力，在共同同意、共同受益的基础上实现对情境的改造，因此是合作与控制的唯一方法。

基于以上理由，胡克极为推崇科学方法，认为应该把它推广到一切领域包括政治、伦理等领域中去，作为我们获得知识和行动的自由的最可靠的方法。因为“只有通过科学探究的方法，我们才能够认识到共同利益，设计政治和教育程序以满足它们和检验其程序的充分性，它是在那些持有相互冲突的形而上学和宗教前提的人们之间进行合作的唯一方法，该方法是与日常人们认识到她们在面临困难要求采取行动的时候所采用的方法是连续的。这种方法的有效性应该通过其与具体的困难相关的行动的后果来检验，而不是通过它是否与关于终极问题的预设命题相符合”[49]。

四、自由与民主

胡克坚信，科学方法是我们获得可靠的知识的最可靠的理性方法，是在世界中的人控制人的世界以及合作的最可靠的方法，所以是我们获得自由的最可靠的方法，是我们用来开拓人类自由的版图的有效工具。有目共睹的事实是，科学方法在自然科学中获得了普遍而有效的应用，并且获得卓越的成就，大大扩展了人类控制自然界的自由能力和自由空间，这些充分证明科学方法能够卓有成效的解决人与自然的冲突问题，但是不仅仅限于如此，因为在胡克看来，显然科学方法并不专属解决人与自然关系的唯一有效的方法，而是用来解决人的困难境地的有效方法，它实质上不仅可以用来有效解决物质手段如何更好地适应目的的问题，而且可以用来同样有效的解决目的性冲突问题。这些问题不仅存在于人与自然的关系中，而且同样迫切而严肃地存在与人与人、人与自我的冲突中，我们应该把这种方法运用到所有这些困难情境中，作为我们克服困难、开辟自由的破障机和保护仪，所以将科学方法尝试性的运用到这些领域，并不是不可思议的事情或莫名其妙的举动。

胡克惊讶地发现，与自然科学领域中突飞猛进的发展相对应的是社会科学领域中的混乱和无政府状态，与科学方法在帮助人们赢得一个又一个对自然的控制和胜利的同时，是科学方法在社会控制领域的阙如。由于人－自然、人－人，人－自我的领域不是分割开来的，而是相互影响、相互作用的，科学方法在自然领域中的有效应用，同样深受社会领域和其他精神领域中的非科学方法的干扰和阻挠。因为从事科学探究的人首先是一个社会的人，他的行动只能在他所处的社会的框架中展开。作为一种以社会形式出现的自然力量，国家通过法律等制度框架迫使研究者必须在自己所设定的规则内行动，它将自己的规则渗透到一切人的活动领域，甚至思维领域，因此认识和改造自然界的活动和成效是与认识和改造社会界相互为条件的。所以科学方法不得不延伸到社会领域，以选择和确立与科学方法的应用相适应的制度条件，来解决社会冲突，这是扩展自由所内含的一个必要要求，它不仅是可能的而且是必要的，甚至是迫切的。

（一）自由的悖论

1961 年，胡克在加利福尼亚大学应杰斐逊纪念讲座基金委员会之邀，发表了三篇讲演，这些讲演后来结集以《自由的悖论》为名于 1962

年出版，在该书中，胡克探讨了自由的悖论。

在洛克看来，人们在结合成立国家之前就拥有自由、生命和财产。人们之所以结合成立国家，其目的并不是为了丧失而是为了扩展和更好地实现这些权利，因此维护和实现公民这些权利成为国家得以合法化的契约底线，任何国家和政府凡是侵犯和损害了公民的这些权利，其合法性即荡然无存。杰斐逊继承这个观点，不过做了一点修改，用“幸福”取代了“财产”，成为三大神圣不可侵犯的人权。但是无论洛克还是杰斐逊，都坚信自由是人天赋的自然权利，应该得到无条件的维护。

但是胡克在这些绝对的抽象语词后看到了其软肋所在，那就是抽象的完整自由中不仅包含许多良好的具体自由而且包含许多不良的具体自由，这些具体的自由在具体的情境中，往往是相互抵消、相互冲突的，因此如果把自由作为一种抽象的神圣权利加以保障的话，那么实际上往往是没有任何一种自由能够得到保障，因为依据该权利声明，不仅要保护那些要求获得某种具体自由的人们的自由，同样要保护那些要求剥夺前者的自由的人们的自由。因此，胡克指出，如果把维护所有人的自由权利视为一个国家或政府的合法性的基础，那么实际上没有任何一个国家或政府能够胜任，其结局必然是无政府的混乱状态，无论是否称之为一个国家。

在胡克看来，不仅人们的自由权利往往是相互冲突的，而且人们的自由权利和生命权利、财产权利（幸福权利）也是相互冲突的，因此无论是把它们看作是自然状态下的人民天然的权利还是看作是结合成为国家的人民的道德和法律上的权利，无疑从理论上讲是相互矛盾的，从操作上讲是无法实现的，因为它们回避了最主要的问题，也就是如何调节人们的自由权利以及自由权利和其他权利之间的冲突的问题，而在胡克看来，这无论对于个人还是对于国家和政府来说，才是至关重要的问题所在。

因此，在胡克看来，发现自由、生命、财产（幸福）对于人们来说具有极其重要的意义，因此要求国家和政府必须负有维护和帮助实现的责任，这无疑是有重要意义的，但是只是把它们作为所谓的天赋的天然权利，并要求得到绝对的保护，则不仅是天真的，而且实际上是丝毫没有解决问题，它不应该成为成熟的政治哲学思考和缜密的政治构建的终点，而应该是起点和始点。

支撑以上天赋人权论的一个常用的理由是：世界包括人都是至善至能的上帝创造的，因此它一定是内在的和谐的，任何人以及任何其他事物的自由运动都是上帝按照一定的原则所预先设计好了的，因此只要给予人们充分的自由，让他们自由行动，那么不仅它们不会相互冲突，而且会导致最优最完美的结果的出现，因为显然世界上是没有任何事物的设计和安排是能够高于上帝的设计和安排的，因此凡是天赋的，都应该得到无条件的维护和放纵。而这不仅是最有效率的，而且是最道德的。

但是同样一个必须面对的事实：在具体的境遇中，人们不得不承认存在许多场合，人们的自由要求不能同时得到满足，而必须以牺牲一个为代价才能实现另外一个，不仅对于某个人自身如此，对于人与他人也是如此。如两个人不能要求同时过独木桥，不能既满足一个人杀死另外一个人的自由的要求同时满足另外那个人保全生命的要求。一个人也往往面临许多“to be or not to be”的烦恼，此外，不仅我们所生存的世界不是最完美的世界，而且许许多多的触目惊心的不道德的、丑陋的事情大行其道，弱肉强食、贫富悬殊，同样是上帝的造物，一些人莺歌燕舞，一些人流落街头，一些人大肆挥霍浪费，一些人终身衣食无着。人们相互仇恨，不共戴天。在把对自由的调控和安排的权力无条件的全权托付给所谓的上帝的情况下，出现的结果是：权利的问题转化为能力的问题，有能力侵犯和剥夺别人自由的人就拥有了这种自由行动的权利，无能力维护和保卫自己的自由的人就丧失了这种自由的权利。

在胡克看来，理性论者无论是莱布尼兹还是黑格尔对这种理论和现实之间所做出的解释，实质上都是一种神正论，他们不是从承认自由的悖论开始，探究解决自由的悖论的方法，而是掩盖这一事实，或者把恶看作是人的思维上的缺陷，或者把恶看作是善的一个必然的环节，其后果不是改进社会的善性，不是推动所有人的自由状态，而是使得这种不合理现象进一步合理化，这实质上不是削减而是延续了这种自由的不公平的混乱局面。

因此，胡克指出，作为一种以延伸和扩展人类现实的自由为使命的哲学，首先就要承认自由的悖论是一个存在的客观事实，而且要把这一事实作为其对社会和政治的规划的思考的起点，这样才能将人类自由所要消除的障碍暴露出来，探索出最有效的消解的方法来。

既然抽象的自由概念将具体自由的内在矛盾加以笼盖，因此就不能抽象地谈论自由的权利，而是应该探讨哪些具体自由权利应该得到维护哪些具体的自由的权利应该得到取消，因此自由权利不是一个普遍的绝对权利，而是一个选择的问题。既然许多的自由权利之间是相互冲突的，那么一个真正的自由概念应该包括对与之相反的自由权利的剥夺，否则自由仍然是一个空洞的概念。因此赞成某种自由权利就意味着否定某种与之相反的自由权利。那么，现在的问题不只是为什么人们的自由权利应该得到维护，而且是为什么人们必须以牺牲某些自由权利来保障另外一些自由权利的问题？在胡克看来，对此问题的不同回答，标志着不同的国家和政府的性质。

（二）作为工具的国家

在胡克看来，自由的悖论表明人们之间对自由的欲求会发生冲突，这种冲突依靠对自由下一个普遍的定义，以从中演绎出调解和安排不同的自由权利的等级和合法性的做法，是丝毫不能解决的。这种做法与其说是解决了问题，不如说是迷失了问题。依靠人们的本能良心和自然欲望来调节这种冲突也是无济于事的，这样做的结果不仅没有解决自由的冲突，而且可能导致这种冲突朝向更加狂热的、对立的方面发展，其结果不是人们自由的互益而是自由的互损，因此，任何企图保全和实现所有人的所有自由的意图和努力如果不能欺骗性的，就是天真的。自由的悖论表明：不是如何实现所有的整体的自由，而是如何选择和取舍具体的自由，以实现尽可能多的、尽可能好的自由。胡克引用边沁的话说，“任何人不牺牲一部分自由就不可能获得权利”，“对自由的这类限制是免不了的。要是不牺牲自由，就不可能确立（或享受）权利，不可能责成人们承担义务，也不可能保障人身、生命、私有财产、生活资料以及自由本身”[50]。应对自由的悖论的，是对自由的一种辩证态度：牺牲自由才能保全自由。

尽管冲突是客观存在的，其后果是人们所不期望的，依靠自然调节的方式是不能解决的，那么，正如机械工具出现于人与自然的目的性冲突中一样，一个居间的第三者作为一种工具，就成为调节人际自由和权利冲突的工具，其目的在于调节冲突，以实现更大、更多的自由和权利。

这种工具，胡克指出，从历史和现实看，常常是以国家的形式出现的。

关于国家的产生，无论霍布斯、洛克还是卢梭都承认它基于人们在经过理性的思考而自由订立的契约而产生的结果，其目的在于保障自己的权利，不同的是在霍布斯看来，正是由于人们追求没有障碍的自由状态，而导致无政府状态，作为对无政府状态的反动，为了保全自我生命的权利，人们所建立的专制国家不是要保障和扩大人们的自由，而是废除和限制人们的自由。契约是以自由权换来生命权，而后两者则持相反意见，不仅认为自由、生命、财产的权利是不可剥夺的权利而且把保障和扩大这些权利看作是国家和政府以及法律所承诺的主要目的。

像霍布斯一样，胡克承认生命权和自由权不是不会发生冲突的，但是尽管没有生命就无自由可言，而没有自由，生命能否得以保全也是一种纯属偶然的事情。以自由易生命，并不是最佳选择。像洛克一样，胡克承认生命权和自由权等都是极其重要的权利，但是他并不认为它们是不可剥夺的权利。否则，当它们之间发生冲突的时候，国家就在任何调解上陷入绝境。

显然，胡克指出，无论霍布斯还是洛克、卢梭都是把普遍的自由权作为一个不可分割的整体，而没有看到自由的悖论，没有看到整体的自由中既有许多好的具体自由也包括许多不良的具体自由。没有看到一方面许多权利的存在和实现是以自由的存在为前提的，而另一方面不牺牲一部分自由就不可能保存和实现权利。

因此，如果说国家作为一种工具，其目的是为了保障人权，那么，与其说它会如霍布斯所言，是用自由的权利交易生命权，或者像洛克、卢梭所言，不牺牲任何自由权来赢得不可剥夺的自由权和生命权等权利，不如说是通过对具体的各种自由的取舍来来保障尽可能大尽可能多的人权。

胡克并不相信存在一种“人对人是狼”的自然状态，也不相信存在一种“完备的自由状态”的自然状态，更不可能存在一种自由而独立的自然状态，绝不相信存在任何不可剥夺的关于自由的自然权利，在胡克看来，自然中没有人类自由，自由不是一种与环境一起产生的自然的善，作为一种在具体的语境中对具体的行动权利的要求的自由，自由是一个社会的产物，因为所谓一种权利，就是在一定的时间和条件下限定别人不论法律实际上在当时是否承认，都有责任或者义务予以承认的要求。这种要求只有在社会中才能产生，才能得到实现。自然中无所谓权利和义务的，因此也无所谓自由的。只有社会中才有自由，才有自由的悖论。作为自然生物，人们有需求和利益，这导致“人们命定要结成社会”，人们的一切行动都是处于社会关系网络之中，在不同的或相同的利益和需求的驱动下的人们之间的行动，在一个资源有限、理智会犯错、不是以人类为中心的中性的世界上，其发生冲突在所难免。利益冲突、对这些利益及采取最好的方法以实现这些利益的判断上的冲突、实现这些利益的行动冲突，是作为工具的国家及其他形式的社会结合体的存在前提。

在胡克看来，我们往往天真地把工具看作是大公无私的镜子，但是就是镜子也不是什么都如实反映。经验反复表明，我们并不总是按照我们的目的来使用工具和手段的，有时候我们则往往是因为拥有了工具和手段，才决定使用这些工具和手段的目的的。过失杀人和故意杀人的区别在于造成后果的主要原因不同，在前者那里是手段和工具，而后者那里是目的。促使我们奔往商城的，不一定总是由于我们对某物品的迫切需要，而往往是由于我们手里有了大量多余的钱。当我们反思自己的莫名其妙的举动的时候，常常称之为鬼使神差。对此，胡克告诉我们这个鬼神，常常就是我们所拥有的工具。因为“并不是为了本身不变的一种最终的善而制造工具来引起改变，工具往往比制造工具的人更有智慧、更有力，并把最后的所指从最初产生工具的特殊情境的界限推得越来越远。没有任何东西能够更清楚地显示它同非人的环境的客观目的论的关系。工具除了有时在敏锐的感觉中是产生美的经验的一种合适的玩具，它更时常是一种可疑的、因此是一种危险的所有物，它只要推翻直接的目的，才满足这些目的”[51]。

人们想利用工具来达到自己的目的，工具也企图利用人们来达到自身的目的，由于世界不是专门为人而创造出来的，工具的目的不是完全专门为人的目的服务的，当人利用工具的时候，他努力将工具的多元发展趋势限定在自己的眼前目的范围内，而同时工具也在不懈的试图劝诱人们从原来的目的中滑离出去，以更好的实现自己的直接目的。

无论究竟人是工具的工具，还是工具是人的工具，人与工具的关系都处于一种紧张地控制与合作并存的关系中，就自由而言，“虽然工具就它们出现于自己的社会环境而言，它们是答应使人获得自由的，但是工具也曾往往是奴役人的手段”[32]。如果把工具作为一个生命体来看待，就可以很好地理解工具的这种双重性：一方面，工具之所以能够成为工具，是由于人们行动中所产生的障碍以及工具自身具有的潜能所给予人们自由的希望，工具的成长和重要性随着工具在帮助人们摆脱这种障碍的过程而不断加强，但是当人们从这个困境中摆脱的时候，工具的生命也就随之结束。因此，可以说，工具因人的不自由而生，因人的自由而亡。如果说自我保存是所有生命体的本能，那么它是不会甘心这种命运的，它会在人们依赖它的时候，努力摆脱人们的控制而反过来控制人们，成为新的奴役力量，这样，无论人们手中的困难是否得到解决，因工具而产生的新的困难并不会消失，工具或工具系列的生命就在“不自由——自由——不自由——自由”的链条中得以延长。

因此，人与工具的关系是双向的控制和合作的关系：当人控制工具，在工具的合作下，事态的发展就会朝着自由的方向进展；当工具反过来控制了人，在人的配合下，事态的发展则朝着奴役的方向发展。

为此，胡克指出，“当我们把工具机械的直接设定的目的无意识地当作自然的和必要的加以接受的时候，即不仅目的的一般类别或型式而且它的特殊性质、云调和颜色都被认为前定的时候，我们就真正成为工具的奴隶了。使用中的工具如果曾决定一个单一的目的的话，也是很罕见的。它对有关各种目的的深思熟虑是由启发作用的。当那个深思熟虑开始时，至少总会出现一个选择的机会，即是否要丢弃它。在具体的情境中有意识的操纵和部署工具，它就会通过限制和制约其他可能性而解放出某些可能性来。如果没有深思熟虑，工具的自然启发力的范围，就仅及于某些或多或少偶然的事情。我们就不得不能感觉到和不知道工具的钢骨家中隐藏着的丰富的潜在理想，而开始只从工具所助成的偶然成就这个角度来考虑他”[53]，“每当衡量潜在于手中的材料和工具的各种可能性之后再采取行动时，我们就一步步接近一种开明的道德了”[54]。

国家作为一种工具，像别的工具一样，也同样具有这种两重性：作为共同体的国家如果被构成共同体的人们所控制，并且充分发挥其良好的调节功能，那么就不仅能够充分协调好人们内部的自由冲突，保证个人自由，而且可以帮助人们摆脱其他力量对人们的束缚和压迫，延伸和扩展其所有成员的自由。如果一个国家由于其自身的属性或者其他的原因，不仅成功地摆脱人民对它的控制，而且进而控制住它的人民，不是把人民的利益和自由而是国家的利益和自由作为支配性的行动规则，那么它就可能成为新的压迫和奴役人的手段。它不仅不会给予人民更多的自由，而是剥夺人民更多的自由。

因此，国家作为一种工具，对于人类的自由来说，是有着双重的前景的。既然自由的悖论客观存在，既然国家作为一种历史的选择出来的并且曾经有过较好的效应的工具，那么对于人类自由来说，就不是有无的问题，而是什么样的问题，不是用不用的问题，而是如何用的问题，如何充分发挥其有益于人类自由的功能并将其发展限制在此功能之内，即合作性的控制问题。

这个问题，在胡克看来，像所有的别的问题一样，也是一个知识和效果的问题，是一个依靠科学探究才能合理的解决的问题。

基于以上对作为工具的国家的认识，胡克批评了两种相互对立的关于国家的偏见。胡克指出，这两种偏见不是基于对国家的科学探究的结果而得出的，而是在先就形成了的。

一种是由于过于强调国家的反控制潜能，而主张尽可能多地限制甚至不要国家的调控以维护个人自由的那种无条件的敌视国家的保守主义态度。

保守主义秉承了古典自由主义对国家的防范态度，这种保守态度突出的表现为以下两个方面：其一，强调生命、财产和自由权利的绝对性，以被统治者绝对的权利来防范统治者无限制的权力。其二，反对任何国家力量对精神生活和经济生活等政治领域以外的领域进行渗透。

对于保守主义的这些主张，胡克在1962年《自由的悖论》和1983年《批判保守主义》中予以驳斥。

胡克指出，自由的悖论以及生命、财产和自由权利之间相互冲突的事实的存在，表明将这些权利绝对化的做法，从逻辑上讲是矛盾的，从实践上讲是行不通的，从历史上讲是没有根据的，从文本上讲是不符合杰斐逊本意的。

通过对权利的分析，胡克指出，任何权利都是对一定的物品或服务或行动的一种要求，人们的这些权利要求会发生冲突，因此不可能实现所有人都享有某种具体的绝对权利。事实上，我们常常陷入的道德困境，不是在善与恶、对与错之间进行选择，而是在善与善、善与对、对与对之间进行选择。不是在生存与不生存、自由与不自由、要财产与不要财产之间选择，而是在生存还是自由、生存还是财产、财产还是自由之间选择。其实，在胡克看来，权利和义务是相应的，当国家或社会赋予一个人某种权利的时候，就是说它同时赋予了其他人不侵犯或挫败这种权利的义务。只有当这种义务得以履行，这种权利才可能是实在的。因此，任何权利都是有条件的，不可能有无条件的权利。而人们之所以会履行其不侵犯的义务，是因为他们经过深思熟虑，认为某种共同的目的、目标或需要即某种共同的利益、需求或感情，要求这些权利参与发生作用而产生的。因此，不仅任何权利要成为合法权利必须持有一定的、能够为大家所认可的道德理由，而且必须提出某种共同的利益或这些利益的预期的满足来作为最后的根据。

在胡克看来，任何一种人权的有效性都要根据它对公众福利或公众幸福如何来确定，这无论我们从实体的观点出发，把公众福利或幸福解释为一套复杂而关联的权利，还是从程序的观点出发，把它解释为一些商谈互相冲突的权利的理智讨论过程，这个观点都是难免的。尽管这个观点也是危险的，因为任何暴虐行径都可以假此而行。但是我们也不能根据所谓的滑坡定理，害怕只要动了基本权利的基石，就一定会滑向暴政。滑坡定理成立与否取决于我们所持有的知识和探究的方法，毫无根据的把政府权力和个人权利对立，是荒唐无益的。

生命、财产和自由权之所以获得突出的地位，在胡克看来，这不是由于它们是对政府权力限制的高压线，而是因为它们具有极高的道德价值，在保全人民自治、防范权力腐败、维护整个的自由结构方面有其战略性作用，因此，当权利发生冲突的时候，我们应该优先考虑它们。但是它们仍然要服从公共利益的大局，并不是不可剥夺的权利。

确实，保守主义者认识到要用人民权利来制约政府权力，将政府行为限制在扩大和延伸人民自由的方向上，而断绝其反客为主，变成压迫和奴役人民的力量，在胡克看来，这种对政府和国家的警惕是必要的，但是如果因此把国家自由和个人自由当作是一种非此即彼、你进我退的关系，就会限制国家发挥其积极功能。既然国家是以保护人民自由为其职责之一，过于限制其行使职责，就不利于其发挥合作功能，而使得另外一些威胁个人自由的力量如经济垄断组织、无序的工商业、杂乱的都市化趋势等乘机发展为庞然大物。在胡克看来，国家调控不是错，错在失控的调控和不调控。

针对保守主义认为只要国家不自由，个人才自由的观点，胡克指出，它忽视了以下事实：1. 一个人只有当旁人没有自由阻碍他的时候，才能自由。因此，除非国家有自由来预先阻止旁人的阻碍行为，以强力推行个人自由，个人才能自由。2. 从经验上看，唯有国家有自由来协助创造自由人格所需要的社会和经济条件时，个人才能最有效的运用其政治自由来促进开明社会的价值。3. 当权利和义务、责任和职责必然发生冲突的时候，最终的解决依靠人民的根据后果作出的理智裁决，而不是在先的规定如何分配国家和个人的自由。

20世纪70年代在美国复兴的新保守主义并不绝对的反对国家对政治生活的调控功能，但是坚决反对国家对经济生活领域和精神生活领域进行干涉和调控。

他们相信在经济领域，市场是比国家更好的工具，自由市场经济充分利用和激发的人们的自利本能和权衡的计算能力，人类自由在市场的自组织和自调节功能的发挥上繁荣壮大。而任何人为的国家调控和计划，都必然破坏市场的这种能力的发挥，必然限制、强制、最终毁灭只有在一个市场经济的基础上才能繁荣的人类自由。

胡克并不讳言福利国家在满足自由的人们的合理愿望方面做得还远远不够，但是“所谓的自由主义意识形态认为对现有的坏的调控的唯一替代项不是一个更好的或者更坏的调控，而是没有调控。”[55]

在胡克看来，从逻辑和历史经验上看，不受限制的政府是恶的，因为它赞成它对自由的限制的权力不受检验。但是同样不可否认的是不受限制的没有政府，将比不受限制的政府更暴虐，因为它会招致无政府状态——成千上万的专制者的统治。在任何不受限制的拒绝政府的地方，人们并不是平等的享受自由，而是处于相互战争的无政府状态或者某些人对某些人的奴役，因为弱者没有公共的力量来对抗强者。

其次，政府作为工具，既可能限制和压迫人，对于这种政府我们能够说当它们统治最少最好。也可能保护自由而不仅仅只是威胁自由，扩大自由而不是限制自由。无论我们认为什么样的自由和权利是值得欲求的，在一个别的可能会意图侵犯它们的世界上，为了保护自由，政府和国家的存在都是必要的。南方黑人的公民权、美国个人的集体讨价还价权等都不是市场运行的结果而是政府保护的结果。国家不能仅仅充当裁判员，它必须管理和控制一些社会和经济过程，这些过程如果不加控制，会连游戏者和裁判员一起腐蚀掉。国家愈是支持全体公民的经济福利和健康，我们就越没有理由把它当作天生的敌人看待。

再次，不加调控的市场经济不仅会由于其经济力量而剥夺某些人的经济上的自由，而且会凭借其经济力量侵蚀和干涉国家的政治领域中的自由。经济领域是利益交换的领域，政治利益何尝不是利益协商的领域？

只要人们有相互冲突的欲望，法律就是不可避免的，调控是不可避免的，立法应该是我们决定在各种冲突的自由中我们想做什么类型的平衡，哪种自由应该优先的过程。这个过程与其用参与者权力不对等的市场来调控，不如用能够为参与者控制的国家和政府来调控，会更加公正。

胡克指出，那些自由至上主义者拥有一个基本的幻觉：认为会存在一个理性的完美的市场经济，他们认为由于人是有限理性的生物，因此不能做出理性的完美的国家计划和调控，而一只看不见的市场的手会安排出这么一个理想的有序状态。但是，胡克指出，即使存在一个完全没有国家的调控的理想的市场经济，人们生活于其中也不是自由的。显然，只有建立在自由给予同意的基础上的行动才是自由的，但是对于一个在“要钱还是要命？”“要工作还是要命？”选择的人，自由何在？一个生存仰仗于他人的人如何能够自由地与他人讨价还价？理想的市场经济中的所有人都是从零开始，实际上何曾如此？能力和财力的不对等使得平等交易成为神话。控制了财产尤其是他人生存所依赖的生产工具的人，在某种意义上也就控制了依赖此工具的人的自由，拥有了对他们的权力，这种权力依靠什么来控制呢？我们依靠什么来保证这种权力的使用对那些受其影响的人们负责任呢？

政府的权力高度集中会危及自由，私人财产的高度集中何尝不是如此？在胡克看来，这些问题靠市场是不可能解决的，市场往往不是消除贫富悬殊，而是强化贫富悬殊，因为贫者和富者的机会是极其不平等的。在胡克看来，要解决经济权力的集中、要避免财富高度集中，就要依靠政府权力来抵制，政府可以通过理智的、平等的税收政策来调控，而市场不可以。为了公共资源、公共福利、公共的善，就必须要求政府的存在和政府权力，否则我们不可能和平的决定或者贯彻公共的善。

在这个所谓的理想的市场经济中，机会实际上是不可能平等的。尽管建立绝对的机会平等是不可能的，但是这不能成为我们不努力朝向更大的机会平等而前进的借口，如果我们把机会平等作为一个共同体的目标之一，要求对共同体的所有成员全面地发展自己的能力予以平等的关注，那么我们就必须在一切领域，尤其是教育、居住、健康、就业等为最好的发展个人潜能所必需的领域，朝向更大的机会平等而奋进，我们就不能把这些领域无条件的托付给不能为我们提供条件的市场。

在这个理想的市场经济中，也是不存在真正的社会正义的。真正的正义不只是程序上的，而且是其所产生的对人的福祸的后果相关的，追求正义尽管与追求幸福或者人类福利相区别，但是它们最终是不可分离的。世界上没有任何人是真的白手起家、自力更生的，所有的成功者都欠下共同体太多地的东西，作为正义，应该意识到对共同体中的弱者所应有的债务意识，因此负有一定的义务。这些是市场不能逻辑的产生的。

对国家的不信任，对市场经济出现的问题的束手无策，往往又成为诉诸宗教的契机，企图依靠一种至上存在物的看不见的手来解决市场机制不能解决的问题。而宗教不仅无助于问题的解决，恰恰是制造分裂的种子，胡克坚信，我们完全能够用一个自治的人权方案将人们团结起来，充分的发挥国家的积极作用，来解决这些问题。

总之，在胡克看来，“保守主义所主张的我们需要或者一个纯粹市场经济或者一个至上存在物的无意识的帮助以实现我们制度上的自由的观点是没有理由的、错误的。确实我们不能合理的计划好一个完整的社会。无视人类历史和人的局限性我们不会有所成就，人类理性是即不全能也不会犯错，但是这些都不足以作为放弃运用理智和自我纠错的经验方法以解决我们经济问题——首要的是实现在充分的工资水平上全部就业、经济增长、最小的通货膨胀——的理由”[56]，胡克坚信，问题不在于要不要国家调控，而是是否智慧的调控、好的调控。

另外一种是主张国家全盘计划和全盘调控的国家集权主义者对国家的无条件的信任态度。

在胡克看来，为了防止国家滥用权力，因此要求毫无根据地限制其自由，这固然不利于发挥国家工具所可能有的保护和扩展自由的功能。但是无条件的信任国家，往往也会人为地制造一个庞大的奴役人的国家机器。

自由放任主义者由于相信人都是有限理性的，因此与其依靠人们所制定的有限理性的法规不如听任自然的法规来调节人们的活动，更能够保证人的自由。国家集权主义者同样相信普通百姓是有限理性，不可能制定出好的法律，但是他们相信一些智慧的人们则能够胜任。这些智慧的人们能够规划好所有的国家事务，人们只要按照他们的计划行动，那么社会上就不再存在任何自由的冲突、权力的斗争。不是人民控制国家而是国家控制人们，人们一切都服从国家的安排，就会享有无上的自由。也就是说，究竟哪些自由权利应该维护哪些应该取消，这应该完全由智慧的统治者来全盘决定，被统治者无条件地服从即可。

胡克曾经以为这种国家形式能够有效地消除资本主义无政府状态的一种手段，但是随着对苏联斯大林政府的国家政策的操作和运作，他渐渐地认识到这种国家形式同样不能公平有效地解决自由的悖论，胡克通过考察，对这种国家的工具形式提出以下疑问：

1. 既然所有的权力都交给国家，那么人民拿什么来控制和防范国家权力变为压迫力量？当国家权力成为压迫力量的时候，人民凭什么来拯救自己？国家的统治者作为一种活动着的国家工具，像所有别的工具一样，当他们摆脱人们的控制的时候，他们往往可能会转变成为一种奴役人民的力量，因为它不再以人民所赋予它的目的为目的，而是以自身的目的为目的，为此它反客为主，反过来把人民作为其手段以实现其目的，而人民却无以为恃维护自己的权益。

2. 既然生产工具等人们生存所必需的物品等完全为国家所掌握，那么既然生存对于任何人来说都是压倒一切的问题，那么人们为了生存，就往往不得不实质上放弃包括自由在内对政府和国家的控制的权力，而被迫忍受后者的控制和强制。

3. 由于自由的权利之争的背后其实是利益之争，任何掌握了分配和决定自由的权利安排的人实际上就掌握了安排利益分配的权利，而国家的管理者不是天使，他们并不因为成为统治者，就丧失其对自身的利益的追求，因此滥用权力、腐败贪污就在所难免，而权力只有权力才能够抵消，但是毫无权力的人们凭什么来控制国家的管理者，以阻挡其腐败和滥权的野心。

4. 国家的管理者并不是天使，他所知道的信息、所做出的判断、所做出的决定不可能是面面俱到的，不可能是永远正确的，因此判断是与信息、知识、经验相关的，而就这些而言，任何个人都比别人更知道自己的利益所在，因此国家的管理者替代公民所做出的决定不可能是无错的，在全盘计划和全盘调控的国家中，错误的决定如何纠正？民主控制如何操作？如何限制和驯服国家权力？

5. 在胡克看来，一个人无论如何理性，总是有所偏好的，因此由一部分人在毫无制约的情形下分配他们和另外一部分人的财富，公正性依靠什么来保障？也就是说社会财富如何公正分配？

6. 即使一部分人的超人的智慧能够制定一个完美的计划，他们超人的道德能够克服其自私自利之心，但是在胡克看来，人们只有当从事自己参与决定了的事情，只有当不是作为手段而是作为目的，不是作为机器的附属品而是作为机器的主人，不是为了别人的安排而是为了自己的利益，而工作，才最有积极性，因此在一个全盘计划和调控的国家中，经济各部门的激励如何产生？

因此，胡克指出，无论是基于对政府的完全控制还是基于对人们的完全控制的国家，都不能平等的规划和保障人们的自由权利，有效地解决自由的悖论，其后果不是无政府状态就是专制，因此，从扩展自由的角度讲，都不是理想的工具。

（三）民主：自由的制度化

为了解决自由的悖论，人们采用了国家这个工具，但是无论集权主义的国家形式还是自由竞争的国家形式不仅不能有效的解决自由的悖论，而且导致新的悖论产生：这个工具事实上纵容或造就了自由的新的强有力的敌人——集权的政府或大企业等机构。在胡克看来，不能控制政府，就不能控制国家政策，就不能利用政府和政府的手段来控制大企业等机构的权力扩展，不控制大企业，就不能有效的解决自由的悖论，因为大企业的特权使得自由的平等共享成为不可能。因此不是不要国家这个工具，而是要在控制国家的基础上充分利用国家来解决自由的悖论。

胡克发现，在集权主义国家形式和自由竞争的国家形式之间，还存在另外一种国家制度形式，即民主国家。无论从历史还是理论上而言，民主都是自由的制度化过程，相较于前两种国家形式而言，它能够更有效地控制政府，有效地解决自由的悖论，更好的充当维护和扩展人们自由的工具。

何谓民主？在胡克看来，民主有狭义和广义之分，狭义的民主，往往指一种政府组织和管理形式，也就是一种政治制度，凡建立在民主制度之上并且依靠民主制度运行的政府，就是民主的政府。“一个民主的政府是一个其政策的一般方向直接或者间接的依靠成年的被统治者的大多数自由给予的同意的政府，除掉模棱性和微妙性，那就是民主的意义”[57]，“一个民主的国家就是一个其中政府的基本的决定依靠被统治者的自由给予的同意的国家”[58]。胡克进一步指出，这里所谓“被统治者”就是指那些参与社会共同体的成年成员及其家属，他们的生活深受政府所做出的决定的影响。“政府”主要指制定法律和政策的立法机构、行政机构和司法机构，他们的活动影响和控制共同体的生活。但是在有些情况下，它也指其政策影响大部分人的生活的社会组织和经济组织。“政府依靠被统治者的同意”指的是在某固定的时期内，政府的政策要提交给被统治者来决定批准与否。被统治者“自由给予的同意”指的是被统治者在做出批准与否的决定的时候，没有受到任何直接的或者间接的强制。一个“依靠”被统治者自由给予同意的政府，是一个在事实上遵从这种批准与否的表示的政府。

从表面上看，这个定义主要是消极的，它并没有对政府和国家的行为提出积极的要求，而只是对统治者的权力运用提出一个限制性的原则。让我们来分析胡克所谓的民主社会。这是一个由统治者和被统治者共同构成的共同体，其中统治者可以做出影响和支配被统治者的生活和命运的政策和决定。但是前提是：这些政策和决定必须是得到被统治者在不受强制的情形下所做出的同意的表示之后才能够也必须得到实施。显然，这个定义所要达到的是康德的自因式自由：一个自由的人只能服从也必须服从自己为自己制定的法律。也是萨特意义上的：自我选择，自我负责的原则。

这个定义常常让人产生误解，因为它似乎忽视了被统治者对政策和决定的提出之前的影响和权力，被统治者的权力似乎仅仅局限在对统治者所已经提出了的建议和政策等的批准与否上，只能参与政策的决定，而不能对参与政策的提出和制作，而且建议一旦被批准以后，被统治者的权力似乎也就中止了，除非统治者提出要求修改或推翻，否则被统治者就对其后果无可奈何。如果把这个定义与代议制的形式相结合，那么从这个角度讲，胡克所倡导的民主制度似乎与熊彼特的民主概念相差不远，在熊彼特看来，“民主并不是指，也不可能指，按照‘人民’和‘统治’这两个词的明显的意义说的人民确实在那里统治的意思。民主不过是指人民有机会接受或拒绝要来统治他们的人的意愿……定义的一个方面可以说成：民主就是政治家的统治”[59]，就是说，民主对于被统治者来说，不过是投票前的参与，而不是投票后的自治。在胡克那里，政治家作为人民自由给予同意选出的代表和代言人，以自己自由给予的同意代表被统治者管理国家事务和制定国家政策。

对这个定义的另外一个常见的误解是：胡克倡导直接民主。与古希腊的民主制度一样，凡是国家的基本政策都必须提交所有公民的亲自审核，至少获得公民的大多数的同意以后，才能得以操作和执行。一切权力在于人民，统治者不过是人们用来办事的办事员，他们不能对政策产生任何实质性的影响和作用。因此，所谓民主就是人民直接管理和决定国家事务，制定和执行国家政策。

但是，对这个定义的进一步分析，可以表明这两种理解不仅不是胡克所倡导的，而且是胡克所反对的。

首先，这个定义旨在确立作为民主国家的一条最基本组织和管理原则，也就是其权力的合法依据，即一切权力来自于被统治者的自由表示的同意，没有这个同意，政府所制定的任何法规和制度都是不合法的。人民有权拒绝采纳和执行。因此，必须把人民同意作为政府运行的一个必不可少的构成原则予以采纳。其次这个定义也确定了民主政府的一条监督机制，就是说，他不仅给予被统治者自由表示同意的权力和机会，而且要求统治者必须根据被统治者所批准的政策和决定行事，因此被统治者批准的程序就不会形式化，而能够产生实质性的内容。因此被统治者的权力就从政策和决定之前延伸到效果领域。实质上，被统治者的具有实质意义的参与权就正当的渗透到行政、立法和司法等所有的政府领域之中，对政府实行民主的监督和控制。

但是，这个定义同时也限制了被统治者的权力。它将这种权力限制在“自由同意”的表示上，它并没有授权被统治者直接管理国家事务和制定乃至执行国家政策和决定。在胡克看来，这是统治者的职责和权力所在。被统治者主要仍然是间接的参与这些具体事务，从宏观上进行调控。之所以如此，是因为胡克认为像任何一种职业一样，管理具体的政治事务需要具备相应的技能和知识，因此不是任何人都能够同等的管理好国家事务的，所以不是任何人都能够充当好统治者的，但是这些技能和知识并不是天生的，而是可以通过学习和锻炼来获得的，因此不应该让人人充当统治者，但是成为统治者的机会应该对所有的被统治者开放，人人应该享有平等的机会来竞争统治者的岗位。因此所有国家管理的岗位应该对所有的成年公民开放。但是人们并不能把国家的权力全部委托给自己选举出来的政治精英，这不仅因为权力只有依靠权力才能平衡，不受制约的权力一定会导致腐败变质，而且因为尽管管理上的具体事务需要相应的知识和技能，但是任何国家政策和决定所可能给自己带来的利弊则是只有自己最有权判断的。毕竟，不是每一个穿靴子的人都是作靴子的行家好手，但是靴子夹不夹脚，则只有穿靴人最有发言权。做一桌好菜，需要做菜的技能，菜好不好吃，则只有吃的人最知道。因为在这方面他最有经验。同样，既然被统治者的生活受到国家政府所制定的政策和决定的作为或不作为的影响，因此被统治者就有权参与到对它的制定上来，犹如消费者有权参与产品的制作一样。

但是与消费者和生产者之间的关系不同，在胡克看来，统治者和被统治者之间是一种雇佣关系。民主的国家是人民主宰的国家，统治者是由人民直接或间接选举产生和任命的，它们并非终身制，而是受到任职时间的限制的，他们所做出的任何事关被统治者的利益的基本政策和决定尽管必须在征得被统治者的自由表示的同意下遵照实施的，但是他们并不因此就具有责任上的豁免权，他们仍然必须同样要承担决策所带来的后果，承担因此产生的被统治者对他们的能力的信任度评估上的反应，这些反应其对此后的任命和使用具有影响。

因为胡克所指的“自由表示的同意”原则是贯穿于民主政府运行包括其建立和变更的全过程之中的，无论政府机构的建立方式、政府主要人员的任命和变更还是政府机构权能的划分和安排等，全部都受到这条原则的限制。统治者不是天生的统治者，也不是永远的统治者，统治者究竟能不能成为统治者，最终必须征得被统治者自由表示的同意。作为统治者是暂时的，作为被统治者才是长久的，在统治者和被统治者之间没有任何固定的区别，在某种意义上可以说，它们是同一的，民主国家的所有政府的职位都必须对所有的合格公民开放，几乎所有的合格公民都有机会成为国家的统治者和被统治者，既然决定统治者是否成为统治者，要取决于被统治者自由给予的同意，那么统治者在提出和设计政策和决定的时候，就不得不把被统治者的利益、兴趣、要求等放在首位，努力制定出符合被统治者的利益需求，能够让被统治者乐意接受的政策。显然，统治者如果制定对被统治者不利的政策，那么首先很难获得实施，因此不仅失去被统治者的信任而且徒劳无益，即使获得实施，由于其所带来的不利后果导致被统治者拒绝继续同意其担任统治者，在沦为被统治者后，则像别的被统治者一样，承受自己担任统治者的时期所种下的恶果。反过来的情况则完全相反，因此“自由表示同意”的原则将统治者和被统治者驱赶到利益与共的壕沟中，二者只有暂时的岗位和职能上的区别，而不会有利益上的对立和冲突，更不会变成相互敌视的两种不可并存的固定力量。

在胡克看来，“自由表示同意”的原则将国家和政府的权力限制在作为工具的意义上。权力只有在被运用来满足被统治者的欲望和要求，促进其自由发展的时候，才是有效的、有力的，反之，则是无效、无力的。该原则为人民控制国家和政府的权力，将其限制在被统治者设定的目标和目的的范围内充分发挥。因此民主制度不像自由放任主义国家那样，禁止国家权力介入被统治者的生存和发展，自由放任主义限制国家权力的发挥，同时也放弃了利用这个工具的机会，从而规避了国家对于促进和实现公民自由上所应该承担的义务和责任。在民主制度下，无论政府的作为还是不作为，凡是导致对被统治者自由发展不利的后果产生的，都在对其权力的使用的禁止之列。民主制度也不像集权国家一样，由于权力过分集中，被统治者实质上丧失了对政府权力的控制能力和机会，民主制度从制度和操作上将最后的决定权牢牢地握在被统治者的手中，并进而通过评价的方式控制了整个国家的权力。因此，在胡克看来，民主制度是一种相对更好的消除权力悖论的国家形式。

民主制度还是更有效的消除自由悖论的工具，因为在民主制度中，任何被统治者对国家和政府享有平等的控制权，统治者必须平等地对待每一个被统治者的关于自由的要求，它所要努力实现的不是某个人的自由，而是全体或大多数人的自由，要知道在这里，大多数人和全体对于统治者来说并没有多少实质上的区别，因为大多数人并不是一个固定的结合体，而是一个松散的、作为暂时的、结果意义上的数字聚合体。统治者要想获得普遍的认同，就必须把共同的利益放在首位。因此解决自由的冲突，实现最大多数人的自由，就成为国家的共同利益所在。

因此，民主制度使得政治活动变成一种科学探究活动。统治者通过观察，找出人民自由权利发生冲突的地方所在，提出并向被统治者汇报自己的解决方案，被统治者围绕这个方案，各自从自己的利益和要求出发，对该方案可能产生的后果展开讨论，进行推理，通过相互沟通，相互协商，形成共识，做出自由给予的同意，制定决策，而后根据决策的后果，进行新的一轮探究活动。由于人们之间的自由的悖论总是不断的存在的，它总是以一个接一个的具体问题的方式在具体的社会情境中暴露出来的，因此总是以某种具体的困境进入社会探究的视野中的，所以探究活动不是一劳永逸的，而是阶段性的、情境的，作为其后果的是，人们的自由的累积、制度的完善和社会的进步。

民主制度有效地避免了非民主制度所不能解决的认同和自由问题。由于人不是天使，没有任何人，无论统治者还是被统治者能够超越自己的利益和经验的限制，能够预见到所有人的利益要求，并且设计一套完善的自由分配方案，让每个人获得满足。这种天真的信念、致命的自负，不仅遭到自由的悖论棒击，而且在现实实验中也产生恶劣的后果，即导致一个强制性的暴力国家出现。民主制度不是从头脑中设想的抽象的人出发，而是直面现实的人性和人际冲突，相信除非人们变成天使，否则在他们之间不仅关于怎样达到他们的共同利益会有不同意见，而且对他们之间的利益也将存在客观的分歧。无论统治者还是被统治者都是如此，他们的行动为他们的欲望和信念所驱策，这些欲望和信念是多元的，只有本人最清楚自己的欲念，最热烈的为之而行动，没有任何一种欲念是绝对正确的，也没有任何一种是绝对错误的，正确和错误应该是一个相对于具体使用情境，根据后果在后确定的事情，只有当共同利益的认同是大家根据公开的利益冲突和批评，从而做出的自由选择的结果，这种认同才不是与自由背离的，而是建立在自由之上的。因此一个自由的国家应该是一个给予国家里出现的所有利益都得到代表的机会，当社会的多数不利于它们的时候，具有合法的反对多数决定并且变成新多数的核心的机会的国家，只有民主国家才是这样的国家，“替代民主社会的唯一选择是少数人的专制，仁慈的或者暴虐的，或者是无政府状态，那就是千百位专制君主的统治”[60]。由于坚信大多数人公开地根据利益的冲突和批评，就可以比别的任何人更好的判断他们自己的利益，因此民主优越于君主制度，尤其是仁慈的专制君主，由于坚信人们所具有的共同利益比把他们分割开来的利益重大得多，就是这种共同利益不过是指望互相冲突的利益和平共处也是如此，因此民主制度优越于无政府主义。由于真理是一种观察的结果的事情，认同是一种自由、平等、公开的商谈的结果，因此只要人们乐意不用他们所主张的预设而用他们的观察结果来检验他们的信仰，那么他们就可能“更加乐意去和解他们的要求，协商分歧，采纳别人的观点，生活在一起并且在生活上进行互助而不是彼此之间斗争到同归于尽”。只有民主制度为每个人的自由发展提供了这个平等的机会。

基于以上探究，胡克得出结论，民主尽管不是完美的，但是迄今为止我们所发现的最好的制度形式，我们对民主的信念不是建立在形而上学或神学的基础上，也不是基于我们的天性和教育，而是基于科学方法，“对民主的信念是一种假说，该假说为我们运用于任何科学的假说所进行的同样的探究的一般模式所控制，只是在这里我们将该模式运用到不同的题材，即我们的评价”[61]，当民主被严格的看作是一种政治的政府的形式的时候，它比其他的政府形式的优越性是可以证明的：“它比任何它的替代项能够实现更多的安全、自由和合作的多样性。”“民主，尽管不完美，拥有那个工具，通过那个工具，它能够朝向实现平等和自由的诺言的方向前进。”[62]至于民主的不足，“治疗民主的邪恶的药方是更好的民主”[63]。

（四）民主的可行性与民主信念的基础

但是，胡克指出，民主的信念遭到来自三方面的怀疑和否定，它们坚持认为民主是不可行的，其理由分别是[64]：（1）心理学上的依据。常常为宗教家所持有，认为民主是建立在对人性的错误理解的基础上的，它高估了人的理智和公正性，而其实人本邪恶，总是为对权力、财产和自我的渴求所主宰。(2) 社会学上的依据：来自于莫斯卡等人的作品中。他们认为所有的历史变化，无论是改良还是革命，都在于用一种少数人的统治取代另外的少数人的统治。这种统治依靠三个支柱：伟大的神话、骗局或者篡改、武力，社会组织的天性如此，以致民主主义者也许会胜利，但是民主不可能胜利。过去如此，现在如此，将来也是如此。(3) 宇宙的或者物理－化学的法则：认为人和他的所有作品都会同等的灭亡。因此无所谓哪种社会形式相对更优越。

对此，胡克一一进行辩驳：

(1) 关于所谓的心理学依据。确实民主的可行有赖于人性的基础，如果大多数人都是白痴或者永远不能自我发展，那么民主的理想几乎不能得到捍卫。但是究竟人性是善是恶，是为理性还是欲念所控制，这些不是能够先天确定的，要想理智的发现他们是否如此就要求给予他们以均等的社会机会，让事实来确定，而这正是民主的本质。甚至没有这样的一个实验，如果我们放弃完全实现民主的理想的乌托邦的期望，记住民主的形式可以是直接的或间接的，民主是与权力和责任的代表性相容的。那么手边的证据就几乎不能证明关于人们是普遍的白痴或者永远的没教养的观念是正当的。作为民主的心理学基础的，也不是对人是无限的完美的肯定，而只是坚决认为：当他们有各种选项的时候，他们在行动的选项之间进行选择的时候，具有充分的可塑性的、具有充分的学习、进步和理智的自我批评的能力。只有民主的共同体会系统的给予他们关于基本决定的众多选项。历史的记载和科学艺术上的成就堪为证据。确实人总是有限的，总是受到诱惑的，因此不是本善的，但是他会变得善或者恶，这取决于他的社会、他的习惯和他的理智，因此民主对于验证和塑造人性较其重要。

(2) 莫斯卡等人的论证是建立在三个基本错误的基础上的：1. 他们认为自由和民主在一个社会中的数量是为一个已经知道的法律或者为一

种历史的潮流所决定的。其实人们在一个社会中自由和民主的数量和质量多少取决于许多因素如经济组织、教育、传统、宗教等甚至我们愿意为它而奋斗的决心，这些因素的决定性作用丝毫不弱于其他因素。2. 他们相信人性是不变的。就它既不是一个生物学的命题也不是一个神学的命题也不是一个逻辑的同义反复，而是指心理的或者社会的特征而言，它能够被表明是错误的。3. 他们将一个组织的原则和组织起来的系列和个体成员混淆起来的。他们的观点还错在没有认识到理想（包括政治理想）的性质，他们没有看到政治权力的问题总是具体的，而且这些问题容许在不同的行为过程之间有选择的余地，这些行为过程有的足以加强或者扩充，有的足以减弱或者缩小具体的政治理想。最后，他们低估了各种社会之间的重大差异，以及在那些为了实现种种理想而无休止的过程中，各种制度所具有的极端重要性，没有认识到在民主社会中有种种可以利用的特殊制度的不同的益处，它们可以让我们能够挑选和抑制精英们，他们忽视了被统治者通过种种具体的方法实际干预民主社会中的政府的基本政策的制定和决定大政方针。这些错误证明其结论无效。

（3）所谓宇宙或物理－化学的法则，同样不足为据。确实，人的宇宙来源限制了他的能力和理想，因此他永远要把接受必然性作为自由的前提，而且永远只能把自己获得的知识看作是假设，但是这一限制同时也是他的机会之源和一切成就的必要条件。宇宙的必然性究竟是自由的敌人还是朋友，这不取决于宇宙，而是取决于人的理智的行动和合理的决定，因此它与民主理想的能否实现，没有内在的逻辑因果关系，民主不需要宇宙的支持，除了给它做好事的机会。作为自然的一部分，人有这个机会。理智的民主的人能够直面存在的潜能、它的未来性、它的开放性、它的不确定性，按照科学所描述的来看待世界，运用他所获得的关于世界的知识来增加人对物的权力，而减少人对人的权力，扩大那些奋力实现一个更公正更幸福的社会的自由和平等的人们的交往。

因此，这些理由不足以证明民主不可行，而只是指出民主可能很困难，对此，胡克指出，关键是要想方设法，克服民主的缺点：即怎样用从民主原则或者民主精神中引申出来的行动、制度、约制或者约束的方法纠正它。当然这些方法可能不完美、可能会失败，但是我们不能因此否定它，而是改进它。依靠进一步彻底运用科学程序发挥集体智慧来治疗它。通过（1）增加被统治者参与政府的机会。（2）极少各种权力包括教育权、宗教权、经济权、政治权等在统治者手中集中的程度。（3）给被统治者以重新委派或者收回委派权力的命令发布权等方法来纠正民主的不足。就是说提供更多的民主。

因此，民主并不是不可行的，而且由于它是与世界中的人的开放性和人的世界的规律性与偶然性并存的客观事实最相宜的，因而对于实现一个在世界中的人的自由来说是极其重要的。但是这些对于民主的可行性的怀疑和批判，也从另外一个方面证明民主作为一种信念也是建立在一系列信念的基础上的，就是说，有其信念的基础的。

基于以上分析，可见民主的信念包括以下几点：

作为自由探究的科学方法：民主作为一种有根据的信念，将其可靠性建立在科学方法和大量的历史事实的基础上，因为民主程序不是别的，它是科学程序在政治上的对应物，而科学程序是唯一的能够将自由与权威、合作与控制合一的程序。它为不同观点和要求的表达提供了一个平等的机会和对待，它调动了所有参与因素的智慧性的合作因素和可能，在自觉自愿的理智控制的基础上，消除障碍，得到对问题的解决，情境的改造，作为其副产品的，是人和环境的共同成长。而这些正是民主国家所要达到的目标。民主的程序为这种目标的实现提供了制度化的基架。正如胡克所说："民主的主要的意义包括两个基本概念——政治平等和政治自由。政府民主的多少，依赖于政治权利或对政治权利的影响是否被平等分享。"[65] 在民主程序中，无论统治者还是被统治者的政治权利和要求都获得充分展示的机会，并作为构成要素纳入到民主的程序中，获得平等的对待和维护。民主程序保证多数人的决定，同时保障少数人的权利，它使得最终做出的决定中兼顾到所有参与者的利益和要求，即使没有被完全采纳的异议，也并没有受到压制，而是为其进一步纳入民主程序开放门户。民主程序并不压制公民的多元兴趣，而是努力尽可能多的尽可能好的实现它们，为此致力于消除这些多元兴趣在实际操作中遭遇的冲突。它并不以一种兴趣压制另外一种兴趣，而是让这些兴趣在协商和交流、学习中，自己寻找到可以为双方接受的最佳方案，民主程序进而为这种最佳方案的实施创造条件，从而使得摩擦最小，互惠最大。因此胡克指出，民主的坚定信念是："当面对分歧的时候，永远邀请人们坐下来，一起推理、考虑事实、探索替代的建议、评估后果，当人们所关注的事情是得失攸关的时候，将决定交给那些为建议所影响的人们的同意来决定。"[66]科学方法成为民主信念的最牢靠的基础，而民主国家的现实经验进一步证明"它比任何别的选项能够实现更多的安全、自由和合作的多样性"[67]。

不断生成的人性论：人性是生成着的，人性不是固定不变的，也不是完成了的，而是在生成着的，它的成长过程不是预定的，不是一种在先的、潜在的观念的外化，而是在与其环境的经验中生成的。因此人性是开放的，每个人都为自己潜在的欲求所支配，但是欲求从来都不是单一的，而总是作为一个集出现的，当我们与现实情境中的事物遭遇的时候，我们从中进行塑造我们的人性，因此人性是内外选择、协商、调适的结果。我们不能首先肯定我们的哪些欲求是善是恶，这些不仅永远只是一个相对的概念和评价，而且只能是事后做出的结论，而不是在先的原理。相信人性是可以教育、改造的，因此民主协商、商谈才有意义。欲求的多元性和理性的可能性成为人性论的基础，作为构成要素进入民主的信念体系中。

永远开放的世界观：世界是开放的，其未来如何取决于过去的人们过去的成就，更取决于现在的人们的现在的所作所为。人作为世界的能动的组成部分，应该也能够在参与和塑造世界的发展中发挥主导性的力量。但是这种力量的大小，取决于人对世界的知识和控制。人不是世界的主宰，它不能一下子创造一个理想的世界和社会秩序，但是人能够从自己的生存境遇出发，从眼前开始，一点一滴的创造和改善，在与环境的互动中，达到相互理解、相互协商、相互学习，相互合作，最终实现互惠的塑造。

从前面所发现和证明的事实来看，民主的这三个信念是符合人在世界中的生存境遇和自由的潜能和现实的，因此是有科学根据的信念，它不是动摇了民主的信念，而是焊牢了民主的信念，为我们实现我们能够实现的自由提供基础和制度上、操作上的条件。

因此，胡克得出结论：民主制度不仅是可行的，而且是与我们所生活于其中的世界和我们这些在世界中生活的人的实在境况相适宜的，它可以也应该成为我们在现实世界的必然性中扩展人的尽可能大的自由度的有效工具，它不仅将我们的自由制度化，而且自身也成为一种自由的制度。

五、自由与社会主义

当胡克说：治疗政治民主的药方在于更多的民主，这包括两个方面的意涵：一，将政治民主向终深处发展，遍及所有的政治问题和政治领域，把民主程序作为普遍采纳的政治程序和唯一的权威，应用到一切政治领域和政治活动中，消除政治领域中的一切特权、非理性的思维和行动方式。胡克相信，由于理性和民主程序是自我纠正的，因此将这种程序贯彻到底，作为其结果的必将是政治自由和政治平等的扩展。二，将政治民主向横宽处发展，遍及所有的生活领域包括经济领域、文化领域、教育领域、思维领域等，把民主作为人们普遍使用的生活方式，从而创立民主的社会、民主的人乃至民主的世界，这种以民主为生活方式的、全面民主的理想社会，在胡克看来，就是所谓的社会主义社会，它才是真正实现自由的社会。

要求把民主推进到一切领域，从而建立社会主义社会，以此作为自由实现的社会条件，这在胡克那里，是在对自由与财产、生命的悲剧意识、民主与资本主义、科学方法与社会主义、自由主义与马克思主义的关系进行深入的考察的基础上得出的理论主张，这种理论主张并非空穴来风，而是胡克在理论与实践、目的与手段、挫折与反思、逻辑与历史交融的、致力于实现人类自由的生活经历的总结和理论归宿。

（一）自由放任的资本主义与民主

胡克指出，民主制度尽管具有丰富的自由潜力，但是这种内在的潜力能够转化为现实的力量，还必须具备相应的现实条件，因为任何现实都是多种潜力交汇、互动的结果，因此必须把对民主的考察纳入民主得以发挥作用的社会情境中进行研究，否则，民主就成为神秘的抽象物。

民主，首先作为一种政治统治的形式，在现实的资本主义国家特别是欧美的资本主义国家中获得普遍的确立。资产阶级为了更有效地维持自己的财产，控制政府的权力以防止它对财产领域的渗透，保障自由竞争机制在经济领域获得绝对的支配地位，把民主作为一种资产阶级控制政府，以防止政府滥用权力，干涉私人领域尤其是经济活动的领域的一个工具加以引入，因此资本主义的政治民主制度是与经济自由、私人财产所有制、雇佣劳动制度并存的，并以后者对权力的限制为前提，甚至以保障后者为目标的。

胡克对这种民主与资本主义的联姻的产物即资本主义社会作了马克思主义的考察和分析：

由于资本主义是建立在生产资料私人财产所有制和雇佣劳动的基础上的，经济活动的目的是为了追逐最大的利润、最多的剩余价值，私人利润成为资本主义社会的主导原则。因此胡克指出："什么是资本主义？资本主义就是为私人利润而经营的，并雇佣那些在形式上或法律上有自由出卖其劳动力的工人的、社会生产资料的私有制。"[68]只有当劳动力所创造的价值大于购买劳动力的价值的时候，也就是说，生产出剩余价值的时候，才能够有利润。制造和占有剩余价值成为连接生产者和所有者之间的纽带。为了增加剩余价值，资本主义生产通过延长劳动日长度或增加劳动生产率、缩短必要劳动时间的方法，前者导致对工人的剥削加剧，后者导致科学技术和大规模的机器被推广采用。生产资料的私人所有制促使生产率的快速提升，但是在分配领域却没有产生同步的改进，工人的生产状况和购买并没有多少提高，在资本主义制度下，生产力不断扩展的趋势同消费的相对的递增的限制这二者之间的矛盾，不仅导致出现大量的剩余产品被生产出来，经济危机周期性爆发，而且为了消除危机，大量的物品被浪费，广大的工人失业，陷入贫困，为了扩大国外市场，争夺殖民地和国际市场，导致国际战争爆发。在竞争中出现的工业集中和财富集中，使得社会的贫富悬殊，社会越来越区分为两个对立的阶级，阶级斗争加剧。

因此，资本主义社会尽管采纳的是民主制度，尽管在任何时候，全部剩余产品的分配，都不仅仅由内在经济规律所决定，而且由企业家、土地所有者和银行家之间的政治斗争所决定，由企业家和企业家之间的政治斗争所决定，特别是企业家和工资劳动者之间的政治斗争所决定，但是由于在资本主义框架内（1）政治机构不可能是真正具有代表性的，因为各种政治制度不准备对经济生活实行民主的控制；（2）工业集权化和财富集中化的趋势，并不是政治统治的结果，而是经济制度中固有的趋势，而且是不能加以抑制的：（3）掌握了经济权力，就通过对选举运动的经费、公共舆论机关和国家预算的控制，而几乎完全支配了各个政党的领导纲领和活动。因此，在资本主义社会中，政治变成实业的附属品，公共道德的各种原则，则来自成功的商业实践。因此资本主义社会的民主实质上是一种资产阶级的民主，它是资产阶级专政的一种方式，是人民中的少数人——一个不是根据所投的票数的数目，而是根据那些占有社会生产工具的人的数目来确定的少数——对多数人的专政。财产的特权取代出身的特权，成为资本主义社会政治不平等乃至政治不自由，造成民主形式化的经济根源。

因此，胡克指出："无论资本主义声称采纳什么样的政治代表的民主方式，都不能否认以下事实：经济上的阶级的划分使得真正的民主成为不可能。对生产手段的控制给予统治阶级的控制那些必须依靠它们的运用而谋生的人们的权力延伸到社会和个人生活的每一个层面。"[69]由于工人生存所必需的工资、工作和生活资料为银行、工厂和市场所左右，不是财产为人服务，而是人为财产服务，确切地讲，是没有财产或财产很少的人为财产多的人服务，而政治机构不能控制银行、工厂和市场，而资产阶级则可以利用经济力量干涉和控制政治力量，因此经济上的不平等导致政治上的不平等，导致民主的形式化。"在一个阶级社会中，是不可能有社会平等的；而没有社会平等，也就不可能有民主的实质，而只能有民主的政治形式。"[70]

资本主义的生产资料私人所有制在政治上，导致民主的形式化、人民的政治冷漠和社会的阶级对立；在经济上，导致生产的无政府、经济浪费、生产效率的人为破坏、工业合并、资本集中；在外交上，催生法西斯产生和世界性战争的爆发，“它渐渐的毁灭大多数生产者的生活。这还不包括诉诸战争。一方面是日益增长的失业，一方面是在业者日益增长的工作强度以及对几乎整个国家的人们心灵、性格和生活的毁灭性的不安全感的副作用，在持久的单调的麻木、焦急和绝望中摇摆”。在文化上，迫使艺术家不是为创造力而创作，而是为利润而创作，被卷入生产过程中，随着资本投资回报率的下降、商业循环的兴衰、文化奢侈品的削弱而起伏。艺术被亵渎、天才被浪费。

但是，胡克指出，资本主义制度最大的罪恶是对科学探究活动的破坏，它使得在一切领域实行“智慧的和自由的实验探究”成为不可能，“现存的社会秩序使得运用理智到人的问题上成为不可能，它们要求延期支付技术创造、运用神话、魔术和诡辩和武力以调解社会冲突”[71]。它使得思想和探究的自由、讨论和批评的自由不能为所有的阶级分享。“只要讨论和批评的自由开始产生对那些垄断政治权力的人不赞成的结果，它就被剥夺和最终被废除”[72]。它甚至阻挠人们从事自由探究的活动。“正如法西斯主义所表明的，在资本主义衰败阶段，当下降的利润率和利息率迫使工厂和政治合理化和调和的时候，自由探究就和别的废弃的经济机器和管理机器一起被抛弃了”[73]，科学探究活动要求人们都能够通过自由讨论来解决问题，这预设探究各方都能够也愿意进行讨论、都遵守讨论的结果，对社会产品和社会权力的分配上的基本的阶级冲突能够被这种讨论所影响，但是资本主义制度特别是阶级上的对立使得这一切成为不可能。人民能够联合起来从事创造性地和共享的活动的条件是一个无阶级的社会。

胡克进一步指出，资本主义社会中的形式上的政治民主，在阶级斗争的过程中，一旦危及私有财产和国家的权威的神圣不可侵犯时，资产阶级也会抛弃它形式上的政治保证，进行赤裸裸的专政。“宣布戒严法，取消出版和集会自由，不保护少数党，除非他们接受资产阶级统治；拿麻绳绞索代替金绳绞索，作为镇压的措施。”[74] 作为政治民主的基本内容的政治自由都会被毫不留情的侵犯。

因此资本主义制度不仅使得民主丧失其实质，而流为一种民主的形式，而且甚至就是这种形式化的民主也是暂时的、没有保障的，导致资本主义这一切的罪恶的根源不在于某个人，而在于一种经济制度，即生产资料上的私人财产所有制。资本主义经济制度与政治制度之间的内在悖论，即民主与生产资料上的私人财产所有制的矛盾意味着要实现民主与自由的联姻即真正的民主就必须彻底抛弃民主与生产资料上的私人财产所有制的联姻。

（二）现实的社会主义与自由

在对资本主义批判的基础上诞生社会主义理论，在推翻资本主义国家的基础上建立了社会主义国家。早期的社会主义国家特别是苏联创立了一种斯大林模式的现实的社会主义模式，以作为与资本主义截然不同的对立的、替代的国家形式，胡克进一步从自由的角度对这种社会形式进行考察。

正如马克思所指出的，资本主义的生产资料的私人财产所有制和生产的社会化的内在矛盾是导致所有资本主义罪恶的根源，这表现为民主的虚假化、经济上的无政府状态、文化的商品化和庸俗化、军事上的穷兵黩武等，换言之，导致人民在政治、经济、文化、军事等一切领域的自由的丧失。而取代它的现实社会主义国家则与生产的社会化相适应，实行生产资料的社会化，通过国有化或集体化的方式全部为人民所共同占有，与资本主义社会在生产、交换、分配和消费领域的无政府状态相反，实行从上而下的计划生产和管理。与资本主义国家以私人利润为主导原则不同，社会主义坚决把公众利益优越于私人利润，以满足人们的需要为指导原则，致力于实现更高的生产力、日益提高的生活水准、公平的分配收入和财产，实现经济进步、社会进步和文化进步。

胡克承认，在一定的意义上可以说，苏联现实社会主义社会建立了经济民主的机制，生产者和消费者、生产者和管理者作为平等的、共同的国家主人参与对经济事务的生产和管理。但是，胡克进一步发现，在现实中操作的苏联斯大林模式的经济民主是建立在政治民主阙如的基础上的。与经济上的全盘国有化或集体化，相对应的是政治上的全盘个人化。这种个人专制的建立经历了从无产阶级专政到苏联共产党专政，到书记处专政，到国家领袖专政的操作中的演变历程，这种演变基于以下几个假定而产生："（1）共产党构成整个工人阶级的先锋队。（2）它之所以是先锋队，是因为它知道工人阶级的真正利益，比工人阶级更知道他们的真正利益所在，而且就无需存在让他们的自由给予同意的制度。（3）如果工人们不承认这个主张，那一定是由于受到资本主义宣传的愚弄，或者是由于存在其他的工人阶级政党，这些政党由于缺乏知识或廉耻而把他们引向资产阶级的工具，或者是由于在熟练工人中涌现出一些有特殊利益的人，他们宁愿要眼前的庸人的稳当的实利而不要未来的光荣的诺言。（4）除非在指导夺取政权运动的政党领导之下，任何革命都是不可能赢得胜利的。"[75] 由于苏联拒绝任何与它观点不同的工人阶级政党存在，不容许在党内任何不同的派别存在，对具有不同观点和立场的思想和人进行无情的迫害、监禁、处决等不同的清洗方式，因此无产阶级专制实质上演化为共产党的一党专制，而党的专政变为对党的专政，为了避免和掩盖思想和行动上的分歧，最终将金字塔式的权力基架放在对领袖绝对正确和绝对善良的信念上，实行从上而下的监督和控制。

经济上的民主机制与政治上的专制制度相结合，就发生了质的变化。胡克指出，在实行全盘国有化或集体化的国家中，经济计划决定了整个的经济安排，由于坚信计划者（领导者）的优越的品德和智慧，为了更有效地保证计划的贯彻，经济安排不是根据与之利益相关的劳动者的自由选择，而是根据“一小撮只对自己负责而不对别的任何人负责的自封的统治者群体”所制定，并且通过武力强加给他们，迫使他们执行。劳动者不是作为能动的创造者而是作为一个个分工链条上的螺丝钉，在自己被安排的位置，做着被安排的工作。生产物品和服务的劳动者的工作条件和报酬等完全由国家的强制权力支持的官僚命令来决定，而不能通过自己的工会和别的自愿组织来参与决定。在胡克看来，由于没有任何形式的民主参与和得到合法的认可的罢工的权力的自由工会，因此这种集体化经济是一个在共产党的名义下运作的封闭的政治公司的财产，国家成为唯一的雇主，所有者和决定者，由于国家控制了所有的生产和生活资料，人民缺乏表达意见的制度、政党、组织机构和舆论工具，劳动者除了服从没有别的可以利用的权力抗衡这个唯一的雇主的权力，防止其权力的滥用。胡克指出，“在没有罢工的权力的地方，就存在强迫劳动的制度，在没有独立司法的地方，就不能防御捏造的指控和阴谋。在政治反对派得到法律认可——这使得少数派能够和平的变成多数派的——成为不可能的地方，其制度依靠恐怖”，因此，“我们真诚的认识到在任何完全中央集权化或国有化的经济制度中，都存在成为极权主义的潜能。因为如果政治民主失去了，这种经济制度就能够成为人类历史中最强大的压迫工具。在经济学中如同在政治学中一样，权力必须限制权力，甚至以一些效率为代价”。

因此，在胡克看来，苏联的斯大林模式的现实社会主义尽管采取生产资料社会化的方式，但是由于这是以剥夺政治民主为前提的，因此其所产生的后果是：政治上领袖崇拜和领导层的专制，以及作为其伴生物的对异议的压制和清洗，“在此制度中毫无政治民主，最轻微的表达不同意见都会招来从被流放到古拉格群岛的集中营到禁闭在精神病院的惩罚”；经济上强制劳动和武断的行政命令指挥，“农场工人和工厂工人甚至比在最无情的不受控制的西方资本主义时代更少的控制他们自己的生活。他们在一个垄断了军事、司法和经济权力的一小撮少数派的命令下，就可能会失去工作、被流放到远方”；文化上毫无自主性，人民没有自由的选择自己的价值或者哲学的、实验新的艺术形式和生活模式的权力而是屈服于一个国家所强加的观点。“由于言行轻率要付出的代价如此之大，以致公众言论趋于成为以官方报纸和领导的陈套为范本的公式化”，此外，“由于从油印机到无线电，每一种传播信息的手段，都掌握在国家手中，除去政府制造的以外，舆论就不存在”。教育成为宣传的工具，“事实上，法庭、工业、农业、军队和学校都附属于内务部或秘密警察，它的领导人由政治局指派”。因此尽管生产工具国有化了，但是社会产品的分配取决于一小撮人的专横的权力，结果是居民的不同阶层的生活条件的巨大不平等，劳动的剥削采取新的形式，依然存在。“一条命令的锁链，从社会金字塔的顶端，通到广阔的基座。在这座强权的建筑中，权力和安全取决于更上一级官僚的多变的默许，依次类推直到顶端”，任何从下层控制的真正民主都是不允许的。因此胡克得出结论：以牺牲政治民主为代价的社会主义，并不是通向无限的自由，而是必然走向专制。“俄国革命的命运是给人深刻印象的一种反面的证据，证明任何一种缺乏民主监督的经济安排，都是不可能实现社会主义理想的道德方面和物质方面的诺言的。”

（三）自由与财产

胡克指出，现实资本主义社会和现实社会主义社会的问题使得探究自由与财产的关系成为必要。

关于自由和财产特别是自由权和财产权的关系，一直存在两种立场鲜明的对立态度。一方面有学者认为西方资本主义社会之所以取得科技和生产力的惊人的发展，为人类自由开放广阔的前景，一个基本的原因是从法律上确定并确实保障了公民的财产权，后者大大激励了公民的生产热情和创造热情，促使一个又一个的问题被解决，越来越多的产品被提供，由于财产权，公民得以自主的选择自己的经济活动，从而充分发挥市场机制的自调解功能。因此财产权是自由特别是经济自由的保证。如詹姆斯·布坎南就运用公共选择理论，在《财产与自由》的结语中直截了当地指出，“本书核心的观点就是：个人的或若干个人的财产适于作为自由——即完全独立于政治或集体决策过程——的保证”[76]。另一方面如社会主义学者认为西方社会中，人们的自由之所以受到实质上合法的践踏，财产权罪责难逃。因为财产权使得一部分没有财产或财产很少的人为了生存而除了被迫主动受剥削和压迫，即自由的廉价出卖自己的自由，别无出路。因此财产权保障了自由的无可挽回的丧失。那么自由和财产权究竟是什么关系。

洛克把人的生命、财产和自由权视为人最基本的天赋权利，神圣不可侵犯，在这三个基本的天赋人权中，自由权最本质，是其他一切权力的基础，“自由是高于一切的基础”，而处在社会中的人的自由，是“在他所受的法律许可范围内，随其所欲的处置或安排他的人身、行动、财富和全部财产的那种自由”，法律的目的“不是为了废除或限制自由，而是保护和扩大自由”。显然不保障财产权的国家和法律，是对人们自由权的侵犯的国家和法律，因此不可能是基于人民自由同意的国家和法律，是不合法的国家和法律。合法的国家和法律应该保障人民的自由，保障人民的财产。自由与财产权是互为因果，缺一不可的，私人财产权是社会经济发展的效率保证，它使人们能最自由、最有效地利用资源，并自由地处置自己的财产。

但是，当杰斐逊在起草《独立宣言》的时候，他用追求幸福的权利取代财产权，与人的生命、自由一起作为不可转让的天赋权利载入《独立宣言》，“政府的目的在于为那些在它的统辖下联合起来的一般人民大众尽可能谋求最大程度的幸福”在他看来，财产权是一种法律上的权利而不是天赋权利。显然，杰斐逊意识到英国的私有财产权与美国人民的追求幸福的权利以及自由的发展的权利之间的矛盾，意识到财产与自由之间可能存在的冲突。

胡克则进一步认识到生命、财产和自由以及追求幸福这几种所谓的天赋权利之间在具体情境中都是可能相互矛盾、相互冲突的，因此人们必须在它们之间进行选择，最终不得不有所舍弃。因此不可能存在什么所谓的神圣不可侵犯的先天的权利，一切权利都要根据具体情境，做出判断和选择，在胡克看来，这种悲剧是由人的生命本身所具有的，因此是生命的悲剧，它是不可消除的。人只要活着，就会遇到这种悲剧的境地。在胡克看来，要完全消除悲剧境地是不可能的，我们唯一能够做的是理智的应用智慧，尽可能地选择最小的恶，从而将悲剧降低到最低限度。

在这些权利的冲突中，胡克特别强调了自由与财产权的冲突，一方面，胡克发现凡是存在公共财产，特别是一个人赖以生存的生产工具被私有化的社会，占有这些财产的人就会对那些依赖这些财产的人的自由构成持久的、甚至是必然的威胁。另一方面，胡克发现，一个人如果不能占有维持生活所必需的基本的生活资料，那么其自由权利乃至生命权利都是得不到保障的。因此，胡克指出，有必要澄清财产权与自由之间的关系，以有效的调节它们之间的冲突。

财产究竟是什么？它与人的自由处于什么样的关系？

在胡克看来，首先，“财产权是一种人权”[77]。所谓人权就是作为一个人而存在所必须具有的最基本的权利，那么何谓作为一个人而存在呢？所谓“存在就是成为个人，或许最好说，成为独立的人或有性格的人”[78]，而正如詹姆斯在《心理学原理》中所揭示的：我们的个性及其表达取决于对我们所拥有的东西、我们的衣服、我们的工具、我们的图画、我们的书籍、我们的家的等这些财产的所有。如果没有这些财产，那么甚至我们说出我们的想法、出版我们的思想的人权也是零，因为这些也取决于对一些交流的手段的财产的所有。因此，财产权也是一种人权，而且是一种基本的、作为基础的人权，完全剥夺财产权就是完全剥夺人权，一个毫无人权的人自由何在？无论是思想的自由还是行动的自由，都必须以拥有一定必需的财产为前提和基础，没有这些财产，自由权就只是一个空洞的抽象概念。

但是，胡克同时指出，以上仅仅适用于个人财产，而不适用于在一个运用大规模的生产工具的工业社会里的社会财产。对社会财产的财产权，则不是一种人权，而是一种支配权，可能成为一种侵犯他人人权的一种权力。确实，“如果我享有任何作为个人而享有的人权，我就有获得衣、食、住、受教育的权利，没有这些权利，我的人权就是零。但是我不能合理的主张我的人权不仅要求个人财产而且要求对矿山、工厂、田地等这些别人生活所依靠的社会财产”[79]。因为“在生产的社会工具中的财产不仅给予支配非人的事物的权力，而且给予支配那些其生活和福利依靠这些工具的人们的权力。在这个部门，财产意味着对人的支配权”[80]。在此意义上，财产权不是对自由权的保障，而是对侵犯自由权的保障。

之所以如此，是因为权利自身就是一个消极概念。我们如何判断我们具有财产权呢？这不是通过纯粹的占有，因为我能够抢夺你的财产，你也能够抢夺我的。也不是通过使用的权力，因为许多财产不会因为我不使用或不能使用，我就对它们丧失了所有权。其实，从法律上讲，“所有权不是给予我们用或者不用的权力，而是排除别人使用我所拥有的东西的权力”[81]，因此它主要是一种对他人的要求，禁止他人染指的要求。就个人财产而言，保障我们自由使用自己的财产来发展自己的潜能，不受他人控制。就社会财产而言，特别是对那些别人的生活所必需的生产工具、自然资源等社会财产而言，财产权就授予我们排除他人使用它们的权力或者控制它的使用条件的权力。在没有别的资源可以得到的情形下，一个人对土地或者工厂等社会财产的所有权实际上就赋予他支配那些靠这些财产来获得工资生活的人和其家庭的生活的权力。

因此，胡克指出，要解决自由权和财产权的冲突，就必须区别对待，一方面，既然一个国家政府的合法权利来自于对其公民的权利的保障，因此它必须保证每个人享有为维持其生命，自由发展其个性所必需的财产，即保障个人财产所有权。这是任何合法国家都不能剥夺的，不仅如此，国家还应该对此承担义务，创造条件，保障人们切实的享有这种人权，就是说，通过就业、医疗卫生、衣食住行、教育等方面一系列的政策，来确保每个公民充分享有维持生活和享受人权所必需的生活资料。另一方面，既然对生产工具等社会财产的所有权意味着对那些必须依靠它们而生活的人们的支配权，那么，这个权力，像所有的权力一样，必须负责任，它不能是无限制的，即使我们不能将它们全部社会化，为全体人民所拥有和支配，至少也要对那些占有生产工具等社会财产的所有者的权力进行限制，要求他们必须对那些依赖它们而生存的人负责任，无论它们是为国家政府所占有还是为某些人所占有，它都必须保证，对这些财产的支配权力不能因此威胁那些依赖它们而生活的人们的自由权和生命权，为此必须通过法律等一系列措施，如实行经济民主，让劳动者和消费者都参与到对其政策的管理中来，通过创立保护性的劳动法以及充分发挥自由工会的作用，让对此财产的支配权为更多的利益相关者分享，使得这种权力更加负责任。

从这个角度出发，胡克并不赞成苏联式的将生产资料全盘集体化或国有化，同时却不实行民主管理的做法，既然所有权不是给予我们用或者不用的权力，而是排除别人使用我所拥有的东西的权力。如果人们赖以生存的生产资料完全为集体或国家所有，那么与之同步的是，必须从制度和实际上保证劳动者和消费者对于生产和消费等过程实行民主控制，任何涉及利益相关者的权益的政策和决定必须获得他们的自由给予的同意，并且遵照执行。这意味着工矿等领导人必须是工人们自由选举产生，对他们负责任，被他们自由撤换，工人们可以就工作条件以及工作报酬等任何关于企业的事务进行民主参与、自由商谈，作出决定，监督决定的实施，并且根据实施的后果选举或撤换其领导人。总之，工人们必须能够民主的控制这些财产以及管理财产的人，而苏联的情况呢，胡克不无夸张的指出，"农场工人和工厂工人甚至比在最无情的不受控制的西方资本主义时代更少的控制他们自己的生活"，"如果我们根据接近和控制财产来从功能上定义财产，几乎可以毫不夸张地说：由于没有任何形式的民主参与和得到合法的认可的罢工的权力的自由工会，当代社会主义国家的集体化经济是一个在共产党的名义下运作的封闭的政治公司的财产"。在胡克看来，由于国家或集体所有制的权利没有受到相应的民主控制的监督和有效参与，因此事实上，国家成为唯一的雇主，唯一的所有者，唯一的支配者，广大人民不过是其毫无选择权和行动自由的雇工而已，即使它所给予的经济安排，也不过是监狱中的安全而已，因此胡克坚信，苏联斯大林式的没有民主的社会主义是野蛮的专制主义。

胡克也并不因此就接受哈耶克、弗里德曼等主张的自由企业制度，而是强调国家在保障人民基本人权包括个人财产权上所必须承担的责任和义务，强调国家对经济生活的干预的必要性和正当性。在《马克思的意义》中，他批判了美国自由放任的资本主义所产生的大量危害自由的后果：混乱、持续的失业、饥饿、浪费、人民之间的对立，以及战争等，他指出，"我们宁愿将满足社会需要的任务交给私人的创造力，如果它不会对共同体施加繁重的代价、负担和欺骗的话。但是如果这些社会需要不能通过私人创造力而得到很好的满足的话，那么共同体就必须担起对他们的责任，就像它们无论是否具备支付能力都为每个人提供警察和健康保护一样。这种责任必须延伸到雇佣那些有能力和愿意工作，却并非自己的过错而得不到机会的人们”[82]。自由企业制度不能保证具有不同经济能力的人们能够平等地享有自由权利，甚至使得一部分占有生产工具的人们利用经济权力对另外一些依赖这些工具的人们的自由权利所进行的无情侵犯不会受到及时的阻抑，不能迫使这些经济权力对其所造成的后果负责任，国家既然以保障人们权利为责任，就必须担当此责任，对经济生活进行干预，但是这种干预不是没有限制的，“每一个朝向政府干预的活动都必须以其对社会的基本自由造成的后果来进行仔细的衡量”，无论是企业自由的程度还是政府干预的程度都要取决于更好的保障人们平等地享有自由权利，特别是言论、出版等基本自由权利来确定。

因此胡克期盼出现一种能够将自由和财产、个人财产和社会财产、所有权与民主有效地结合起来的国家和社会，在胡克看来，这种国家不是斯大林的现实社会主义模式，因为“我们真诚的认识到在任何完全中央集权化或国有化的经济制度中，都存在成为极权主义的潜能。因为如果政治民主失去了，这种经济制度就能够成为人类历史中最强大的压迫工具”[83]。而在经济学中如同在政治学中一样，权力必须限制权力，甚至以一些效率为代价。但是也不是采纳斯密的自由企业经济制度的西方民主资本主义，在胡克看来，它应该是一种民主的社会主义，一种资本主义的政治民主制度与马克思的社会主义相结合，并在摒弃了西方民主的虚假性和马克思主义实践中的单一模式的社会主义，它致力于实现将财产权控制在为人们的自由权利特别是基本的政治自由权利提供保障而不是侵害的范围内，使得自由与财产能够获得互惠的共同发展。

自由与财产的冲突的存在，苏联的在经济领域采取的拒绝科学方法和民主程序的道路和美国在经济领域民主的阙如的做法都遭到失败，既然科学方法和民主程序是解决冲突的最好方式，这些事实意味着有必要把民主程序和科学方法运用到国家和社会的政治和经济领域中来，对它们实行民主控制，也就是说，实行政治民主与经济民主的结合，“正如政治民主没有某种形式的经济民主就不完全一样，没有政治民主也不可能有真正的经济民主，有人称这为社会主义，但是它当然不是希特勒的、也不是斯大林的社会主义，不管那些惊慌失措的托利党人如何害怕，它也不是罗斯福的社会主义”[87]。

（四）民主的概念与民主的价值

胡克指出，理论与现实的困境要求我们更进一步思考民主的概念。

尽管胡克被视为民主和人道主义的哲学家，但是他只是提出了一个简单的民主概念：“一个民主的政府是一个其政策的一般方向直接或者间接的依靠成年的被统治者的大多数自由给予的同意的政府，除掉模棱性和微妙性，那就是民主的意义”。在他看来，根据这个概念，迄今为止在世界上任何地方都没有完全的民主，“显然没有哪个社会是完全民主的社会，因为我们永远不能保证这种同意是自由给予的：即丝毫不受无知、雄辩、感情的束缚”[84]，但是这个概念可以作为一个检验现有的所有国家制度的民主程度的一个简明扼要的标准，也可以成为它们朝向民主化进程的一个向导。由于任何政府都可以自称自己所作出的一切政策是人民自由给予同意的，因此必须有些经验上的特征进行鉴别，这些特征也就是政治民主制度的外部条件。

首先，一个政府依靠被统治者的自由表达的同意，这意味着存在一套政治机制，通过这些政治机制，统治者向被统治者汇报自己关于政策和决定的设想，被统治者可以每隔一段时间登记对被提出的政府的决定和政策的赞成或者不赞成，政府承认有无可置疑的义务去按照被统治者的同意而规范自己的行动，并且汇报执行的情况，并登记被统治者的赞成与否，因此统治者和被统治者之间的相互交流和协商的过程必须有政治程序上的确定，同时要在政治机制上排除任何妨碍这种交流和协商的程序与制度，以保证被统治者对政府过程的有效参与。既然民主的实质是人民自治，那么首要的是为人民自治提供一定的制度安排来保障人民切实有效的行使这种权利。这并不是说让所有的公民集体或轮流直接管理国家事务，胡克并不主张直接的民主管理，在胡克看来，管理国家事务的才能并不是一种人人天生即备的天赋，而是需要一定的经验、知识和相关技能的，因此并不是人人都适合直接管理国家事务，但是管理国家事务的这个机会应该是对所有与之相关的公民开放的，而不能根据民族、性别等因素先验的将一些人排除在外，这意味着应该从制度上保障每个公民都有通过平等竞争获得管理国家事务的机会。另一方面，由于人民不可能完全的直接管理国家事务，而往往通过自己的代表来管理。因此必须从制度上保障任何公民团体所推选出来的代表有平等的竞争机会，为了有效地控制这些代表，使他们对公民的利益负责任，就必须从制度上保障公民对国家基本政策的同意程序，公民对政府的控制绝不仅仅限于选票的竞夺，而是通过民主的同意程序而深入到任何主要的决定以及对这些决定的实施及其效果的监控中来。在胡克看来，公民的这种监控权往往是通过对各项公共政策作自由的讨论和商谈，并在执行通过民主程序所达成的各项委托时进行自愿的合作的方式来实施的。因此，政府的信息公开、定期汇报以及根据公民的反映而作出灵敏反应的义务和公民的言论自由、出版自由、集会结社的自由权利应从制度上得到保障和确认。

这意味着一个民主国家至少是一个实行普选权的国家，是一个具备公开选举和定期投票机制的国家。一个不是由人民普选出来的政府，很难保证永远会对人民的需求做出灵敏反应，在胡克看来，毕竟人民是自己利益最可靠的知情人和维护者。仁慈的君主可能会博爱，但是谁能够保证仁慈的君主永远仁慈呢？

但是，只有当同意是“自愿的和没有受到强制”的时候，才是自由给予的。由于民主制度在操作中往往受到许多障碍而发生变质，这意味着仅仅从制度上保障人民平等地享有自由的控制政府的权利是远远不够的，民主制度的有效操作需要具备一定的物质基础和前提条件的。否则民主制度就会流之于形式而失去其精神。要想保证这些民主的程序和过程不形式化、空壳化，就必须消除各种强制因素造成的障碍，

第一个影响自由给予同意的强制因素无疑是武力和暴力的威胁，因此“一个在刺刀的阴影下的举行的或者人们只能投同意的票或者没有反对派的候选人被允许参加竞选的选举，显然不是一个记录自由给予同意的选举”[85]。一个统治者垄断武力，国家是唯一的武器所有者的国家，一个武力的使用不受人民控制，可以肆无忌惮的干涉其他领域特别是政治领域的国家，一个实质依靠武力和暴力维持政权的国家，就不是一个民主的国家。

第二个强制因素是经济因素，如工作的垄断，失业的威胁，饥饿的惩罚等，因为“对于一个饥饿的人来说，极少是他会不同意的”，“在经济力量中的不同使得更有力量的经济群体能够对影响公共福利的决定施加比他们的人数或者区域所保证的更大的影响”，因此如果国家中存在一个有力量剥夺被统治者的工作或者谋生的工具的群体，一个凭借金钱干涉人民自由给予同意的程序的国家，不是一个民主国家。因为不受限制的经济力量可被用来使得甚至立法机关的行动无效，在经济上有力的人们更便于用资源来影响公共观点和同意，因此“在民主的政治形式在一个其经济控制不受到政治控制支配的社会中运行的地方，总是存在一种对民主的持久的威胁”[86]。因此一个民主的国家应该是一个普通民众不受失业、饥饿等生存威胁，享受经济安全的国家，同时是一个经济力量不会被用来控制或者削弱民主程序的国家。

第三个强制因素是无知。“甚至在没有物质和经济上的强制的地方，同意如果受制于盲目与无知，也是不自由的”[87]，这有两方面的要求：一

方面被统治者至少有知情权，统治者必须及时的客观公正的以被统治者能够理解的语言将所要提交的决策和其可能的替代项的内容，可能产生的后果以及在采纳后所产生的效应等信息向被统治者汇报或者不限制被统治者获得，“如果一个人对替代项一无所知，不能接触到信息，被剥夺影响别人的观点和被别人的观点的机会，同意就不是自由的”[88]。因此，“忠诚于一个自由给予同意的民主社会要求对人们得到相关的信息来源、接近批评的讨论的对象不能设置障碍。没有这些最低要求的条件，同意是不自由的”[89]，因为“当一个人的心灵被故意的为无知所束缚，他就没有行动的自由，犹如一个人的双手被绳子捆住一样”。另一方面，被统治者至少有识字能力，至少具备相当的教育程度，以致能够理解向他提交的决策，知道这些决策可能导致的后果，知道如何自由表达自己的意愿，如何参与对决策的商谈，知道自己对同意所承担的责任和义务，所以，一个民主的国家应该是一个普及教育的国家，一个信息公开的国家。

因此作为民主制度健康运行的国家应该是一个安全的国家，它致力于通过提高生产力，消除贫困、失业，为人民提供一个安全地行使民主权利的条件和氛围，这种安全不能是以牺牲人民的自由为代价，而是进一步保障和扩大人民的自由权利来实现的。它也是一个不是依靠强制作为解决问题的准则的国家，而是一个奉行民主的协商原则的国家，不是一个集权的国家，而是一个公共权力均衡和分立、人民能够控制国家权力的国家。

但是胡克进一步发现，仅仅这些条件还只是消极条件，一个民主国家要成为一个真正的民主国家，还需要一些积极的条件，这特别表现在民主国家必须培养和依靠具备民主所需的条件的人。

作为民主国家的人必须是一个把自己的自由发展看作是天职的人，认识到自己的自由发展是与共同体的自由发展休戚与共的人，一个按照理性行动的人，因此积极参与到政府的工作过程，积极表达自己的利益需求，并且能够理性的通过商谈来协调矛盾，发挥合作性的智慧，制定有利于共同成长和共同利益的政策。因此，一个民主的国家应该是一个人们积极参与、智慧的合作的国家。

由于情境总是不一样的，因此没有任何原则能够原封不动地照搬照用而不会失败，唯一可以不变的是处事的科学程序和原则，因此作为民主国家的人必须是一个能够用科学方法来处理人际事务、解决问题，与人相处的具有批判思维的人。因此，一个民主国家应该是一个把培养公民的批判思维和科学方法作为教育的核心任务的国家。

作为民主国家的人还必须是一个宽容的人，懂得欣赏和合作，知道学习和进步，学会平等对待。因此一个民主的国家应该是一个以宽容、多元为特征的国家。

因此，一个民主国家应该是一个以培养公民的德性和能力为目标的国家。

这意味着一个民主国家不仅有义务为人民的心灵和行动自由发展扫除消极的障碍，而且有义务为人民的心灵和行动自由创造条件。这些条件包括：

经济条件。保障公民的经济安全，不为生存所迫，为公民的心智发展和政治参与提供必要的经济条件，因此要消除任何以经济力量干涉和阻碍公民的自由发展和政治参与的行为。

教育条件。保障公民的普遍的受教育权，不为无知所困，尤其是为培养和锻炼其应用科学方法解决问题特别是政治问题的能力和经验，因此不仅要普及教育，而且要把教育民主化、教育科学化作为目标。

政治条件。保障人人拥有成为统治者的机会，参与政治过程的程序，控制和监督统治者的权力。

文化条件。保障人人有维持和发展自己的爱好和兴趣的权利，进行交流和学习的权利，培养创造性的个性的权利。

法律条件。从法律上保障人人具有宗教信仰自由，言论、出版、集会、结社等《人权法案》所确定的战略性的自由权利，将维护公民的心智自由的权利以各种形式法律化，并且对于侵犯这些权利的行为，做出惩罚。

胡克指出，符合这些要求的民主国家确实还没有，但是它应该成为民主国家的一个努力方向。民主国家从中知道自己所应该承担的义务和责任，从而知道自己的权利和自由。

总之，一个民主的国家应该是一个致力于把科学方法程序化、把自由制度化的国家，它通过为统治者和被统治者、被统治者之间、统治者之间进行平等的合作和广泛的交流和协商创造制度上的条件，致力于创造自由自主的人、自由自立的国家，因为民主的最终目标是通过民主参与，提高公民民主管理的才能，最终实现人民自治。

从这个角度讲，胡克指出，我们就要从作为政治形式的民主进入到作为价值理想的民主，在胡克看来，高矗在民主的信念之上的是民主的三个价值，它们成为民主的道德力量来源，这三个相互关联价值分别为[104]：

自由价值。相信每个人的自由发展都具有内在的价值和尊严的。每个人都应该把充分实现自己的值得欲求的潜能作为天职，这种自由的取得并不意味着要以牺牲别人的同样的自由为代价，而是以同时实现别人的自由为条件。这意味着在一个民主国家中，兴趣和成就上的差异不仅须加容忍，而且须加鼓励。在一个自由的社会中，由各种观念和个人趣味的冲突和交流而产生的健康的热情比枯燥、迟钝的一致，更易于激发新颖的、意义重大的经验的产生，因此自由的丰富和实现有赖于广泛的交流和合作，政治自由和政治民主为这种合作和交流提供制度上的平台，因此对于自由是重要的。

平等价值：既然每个人的自由都是平等重要的，既然个人自由的实现有赖于整体自由的实现，因此每个人的自由都应该得到平等的对待。

相信所谓普通人，不是生物学的现象而是社会现象。只要我们安排好社会机会、让每一个人的独特才能获得激励而都能够得到发展和表现，那么人人都可以成为英雄。坚信所有的人都会受到召唤，所有的人都可以被选上。国家和社会应该为每个人提供实现其个人天资和能力的平等的发展机会。它应该成为制度设计和安排的一个指导性原则。

科学方法。无论一个民主国家致力于什么价值追求，都会出现价值冲突或者受到别的价值挑战的情形。在一种情形下做出的决定不一定适合于别的情形。那么一个民主国家最终所要致力以求的一定是对解决这些冲突的方法的信仰。这种方法就是理智的方法、批判的科学探究的方法，民主社会必须将这种方法应用到所有的问题、所有的冲突上面去。

胡克指出，民主的这三个价值是相互关联的，它们成为检验和完善民主的价值指标，民主制度究竟能否为人类自由所驱策，最终要依靠这些价值指标来控制。它们将民主制度确立在自由的制度化的框架内。在这三个民主的价值中，又以科学方法为最基本，因为科学方法是判断价值的方法。

（五）社会主义概念与社会主义理想

在胡克看来，民主的这三个价值就是社会主义的道德理想。所谓社会主义社会就是致力于在一切领域实现这三种道德理想的社会，就是“致力于作为一种生活方式的民主”[90]的社会，就是致力于把科学方法运用到一切领域，用来解决一切问题的社会。

胡克指出，这种社会主义的道德理想是自由主义和马克思的社会主义所共享的，“在我看来，自由主义（作为与自由放任的经济学不同）代表一种社会的，归根到底，一种伦理的哲学。它是一种有着变化的内容但是相对不变形式的社会哲学。它的基本价值是尊敬人的内在价值、理智探究的自由、才智、社会民主和精神上的慈善。在具体场合这些价值之间存在冲突，但是它是适用于每个真正的伦理情境的，作为一种社会哲学的自由主义的对立面是反自由主义，它的价值可以德国、意大利和在更少的程度上的俄国为例”，“为了免得你认为马克思主义者捍卫这种意义上的自由主义是反常的，让我提醒你正是马克思宣告：‘无产阶级认为他的勇气、自信、独立和人格尊严比他每天的面包更必需。’社会主义作为一种经济制度只是延伸了自由主义作为一种社会哲学操作的范围”[91]。

在胡克看来，社会主义并不是与资本主义的完全断裂，而是对资本主义的超越，它并不是要完全摒弃资本主义社会所有的一切，创立一个与资本主义毫无关联、完全不同的社会，而是一个消除资本主义弊病、真正实现在资本主义社会中酝酿并由于资本主义制度的阻挠而不能得到真正实现的自由、平等和科学方法等价值目标。一个以否定或违背这些价值目标而建立的社会，在胡克看来，无论如何都不是真正的社会主义社会。

在胡克看来，这三种价值目标将民主的社会主义（即作为生活方式的民主）和自由放任的资本主义、苏联的现实的社会主义区别开来。胡克承认：“我首先是一个民主主义者，我只是在社会主义方法为自由人实现一个更丰富的生活的范围内，才是一个社会主义者。这意味着我不相信整体解决，我的社会主义是一种点点滴滴的事情，一种多多少少由科学精神和民主信仰确定了的事情。”[92]

首先，胡克指出，在民主社会主义者看来，“没有自由，就不能有社会主义。社会主义只有通过民主才能建成。民主也只有通过社会主义才能充分发展”[93]。在《马克思在林苞》一文中，胡克借马克思的口说：“对于我来说，个人自由是任何体面社会的氧气，我批评资本主义，是基于我渴望将自由散播给那些由于缺乏自由而受折磨的人。”社会主义社会是一个“每个人的自由发展是一切人自由发展的条件”的社会，从历史上看，社会主义运动就是从抗议一种将个人束缚于致命的单调、一种与其自发地自由选择的天职和自然成长不相容的计划和行为方式的工业制度的侮辱中发展而来的。但是，遗憾的是，许多社会主义和甚至社会民主主义被过多的等同于主张对人类行为进行全盘调控，过少的等同于主张扩大、丰富和多样化个人自由。而在胡克看来，“照社会主义的道德理想来看，任何人都不应该是旁人的精神奴仆，不论一个人以什么方式谋的正直的生计，人们都应以对其他人同样的尊严对待他，他的物质生活条件应该能够使他充分成长为一个人。这些以及实现这些所必需的详细的纲领，便是我所谓的社会主义”[94]。

政治民主是将自由制度化的重要方式，其基本内容是政治自由和政治平等，在胡克看来，只有当政治自由、当言论、出版、集会、结社及其其他一系列在《人权法案》中写下的和没有写下的与这些自由结盟的自由的集合，都受到法律保护的认可，并得到实际的实施，自由才不是一个抽象的概念，因此民主社会主义是以承认和践行政治民主为前提的。

有人以苏联社会主义所采纳的是另外一种类型的民主形式——经济民主或伦理民主，来驳斥胡克对苏联民主的指责，对此，胡克指出，“民主只有程度上的区别，而没有种类上的区别”[95]，说没有政治民主的经济民主或者伦理民主是可能的，这种观点是一个悲哀的错误。因为如果经济民主有任何意义的话，那么它一定意味着工人有帮助决定条件、组织和工作报酬——至少，自由工会和罢工的权力，没有这些，就有强迫的劳动——的权力。如果伦理民主有任何意义的话，它一定意味着伦理的群体有自由的发展其文化、艺术和宗教的权力。但是如果不存在基本的自由和权力的复合体——言论、出版、集会、法律保护的权力——等这些定义政治民主的东西，无论经济民主还是伦理民主都不能够运行。因此，胡克指出，“我们可以说没有经济民主或者伦理民主的政治民主是不完全的，但是我们必须说，没有政治民主的经济民主或者伦理民主或者社会民主是不可能的”[96]。

所以在胡克看来，在为实现作为生活方式的民主的社会主义的斗争策略中，政治民主的原则和实践是首要的。它们是杠杆，通过它们，凭借充分的勇气和理智，或早或晚，障碍能够被清除，理想能够实现，因此胡克强调：为了安全或者平等或者其他而牺牲政治自由，哪怕是原始形式的政治自由，通常都会以两败俱伤告终。这就是雅各宾主义的残忍的逻辑，它已经被证明对于那些被援引来将牺牲神圣化的理想是致命的。

因此，政治民主是民主社会主义的前提，而作为一种生活方式的民主则是民主社会主义的目标。“政治民主就是民主政体的氧气。”民主社会主义致力于政治民主推进到经济领域、道德领域等乃至生活方式的领域，将自由和科学方法延伸到广阔的领域，这是它的一个标志性的区别。

其次，就平等原则而言，胡克指出，要把它和基督教徒所倡导的上帝面前人人平等、资产阶级法权学家所主张的法律面前人人平等、狭隘的平均主义者所要求的事实上的结果平分区别开来，这里所谓的平等原则，是检验一个民主的政治制度是否具有真正的民主内容的一个重要的控制指标，是伦理的民主原则，对它正确的理解应该是：

平等原则不是关于人的体力或者智力的一种事实描述，它是一种对待人的规则或者政策。

它不是一种要求用同样的方式对待那些在体力和智力上不平等的人的规则，而是一种要求对那些要求用不同的方式来满足其不同要求的人予以平等关怀或者平等考虑的政策。

它不是一种要求一切人在任何时候任何方面都获得机会平等的机械政策。它是一种要求一切人发展他们所有的个人或者社会想要的天赋、做出他们力所能及得独特贡献的机会平等。

它不是要求生活水平绝对同一，也不是要求为所做出的对社会有用的工作而得到数字上的平等补偿的平等要求。它要求的是当一个社会的生产力能够满足人的基本需求的时候，没有人会被剥夺生存的必需品以提供别人以奢侈品。

它不是一种限制作为不同的自由或者成为不同的自由的政策，它是一种鼓励与众不同的自由，仅仅限制那种将天赋转变为垄断而阻止别的自由个性出现的自由。

它不是一种要求所有人都做领导或者都不做领导的要求，而是要求领导职业，像所有别的职业一样，对所有的具备天赋或者习得的能力资格的人开放。在挑选领导人的过程中每个人都有说话的权利，领导人的创造性在一个基本法律的框架里行动；这些法律反过来最终依靠那些构成共同体的人的自由表达的同意。

它不做多愁善感的人道主义者的假设：一切人天生为善。它只是设想：一个人，如果在他的共同体中得到平等的对待，也许会变得更好。强调尊敬一切人的个性、强调那种不是把个性当作是固定的东西而是一种发展的、成长的模式的态度，是民主哲学所独特的地方。[97]

因此，这种平等“不是地位或者血缘上的平等而是机会的平等、相应职责的平等、社会参与的平等”，所以它不仅仅是政治上的自由的平等，而“延伸到那些与自由的平等的有效的操作有关的别的社会存在的阶段”。胡克指出，一个包括政治民主、教育民主和经济民主的纲要式的概念“社会平等”可能是它最适合的表达。

胡克进而说明了把平等作为一种民主的价值目标乃至社会主义的道德理想的理由[98]：

其一，这种对待人的方法比任何别的方法能够更加成功地激发所有共同体成员最大化的创造性地、自愿地努力。如果操作得当，它给予所有人一个共同体的平台，引出最大化的理智忠诚。

其二，它让我们能够对别人的需求、动力和志向有所洞察，从而扩大了我们经验的范围。在帮助别人的成长的过程中，我们帮助我们自己的成长。

其三，愿意理解别人的观点而不一定屈服于别人的观点，更有可能推动不同的观点商谈它们之间的不同，学会彼此和平相处。一个民主的共同体在一个不平等仍然存在的世界上是不可能免于斗争的，但是它的伦理学，如果得到合理应用的话，比起废除平等的原则的地方更有可能弱化斗争，或者将它转化为社会无害的方式进行。其结果是在主张人人平等的共同体中比不主张人人平等的共同体中谄媚更少、恐惧更少、欺骗更少。

其四，通过培养每个人的能力以便他们能够最大化地实现自身，我们能够最好地分享我们存有的真和美的库藏，揭示这些领域中的新的维度。

其五，尊重每个人的潜能，就会使得人对人的残忍少一些，特别是当残忍是由于无视或者无知别人的需要而产生的结果。一个按照民主的路线建立的共同体仅仅在当它有愧于自己的理想的时候才会残忍。一个极权主义共同体不仅系统地对那些被剥夺了权利的替罪羊群体的成员而且对那些被排除在制定政策的讨论以外的主体的大多数人的个人需要都是毫不敏感的。

其六，在态度和利益发生冲突的地方，结论的合理性取决于所涉及的当事人之间相互商谈和自由的知识交流的程度。民主的生活方式使得最广泛形式的相互商谈和交流成为可能。通过这些程序所达到的结论具有一种在结论被武力和权威所强加给我们的地方——即使它们是我们的——所找不到的好的质量。

特别是，“民主作为一种生活方式与它的竞争项不同的地方在于它使得这种从专业科学和哲学的领域到所有人的经验的领域得到合理的结论的方法的扩充成为可能”[99]。

可见，民主作为一种生活方式的最重要的伦理信念—平等的价值目标，其重要性在于它能够更大的推动个人自由的实现，促进科学探究方法的普遍应用。

胡克指出，显然，在一个生产资料私有制、以私人利润为指导原则的资本主义社会是不可能实现社会平等的，由于资本家占有生产工具，因此就拥有奴役和剥削工人阶级的权力和机会，与工人阶级的日渐贫困、失业、饥饿和匮乏相对比的，是资产阶级的日渐浪费、挥霍。但是将所有的生产、分配和交换手段国有化，实行全盘计划经济的现实社会主义社会中，公平地分配社会物品和服务依然难以实现。在胡克看来，如果没有深入的和有效的操作的民主制度，那么将所有这些手段国有化的结果，则是可能产生一个比马克思所能够想象到的、比任何在资本主义制度下所经验到更可怕的专制机构。国家及其官僚取代资本家成为唯一的雇主，与资本主义社会不同，它们不仅掌握了人民所有的生存手段，而且掌握全部的警察工具，因此强迫劳动更易于操作。在这里，"反对就意味着慢性饥饿而死亡，旧规则'不劳者不得食'，被新规则'不服从者不得食'所代替"，相形之下，"一种在所有的所有者最终都对制定规章的机构负责任的多元形式的所有制下的、在一个支持所有公民的公民自由和个人自由的民主的政治秩序内、保证为所有有能力和愿意劳动的人提供一个生活的工资或者一个充足的最低水平的家庭收入的混合经济制度，可以以最少的危险实现最好的结果"。就实现平等而言，整体社会化并不是必要的。即便通过整体社会化能够为所有人废除贫困和基本的物质需求以及过体面的生活所需要的最低的标准，也没有实现社会平等。因为全盘计划经济和整体社会化是以道德层面上的不平等为条件的，它认为统治者比被统治者更知道他们的真正利益所在的，因此，计划是由统治者负责做出的，被统治者的任务则在于无条件地服从，这其实是把被统治者看作永远处于儿童状态，因此它是以不承认被统治者具有平等的人格尊严为基础的。

但是，胡克指出，这并不是马克思的本义，马克思强调实现生产工具等社会化，其目的不在于否定人的尊严，而是为了实现人的尊严和平等。在胡克看来，马克思“认为匮乏和饥饿及其产生的奴役状态是与人的尊严不相容的，在一个潜能丰富的社会中，这些现象的存在是不合理的，在这种社会中，公平的分配社会物品和服务应该被用来使得所有人的尊严的生活成为可能”[104]。所以，在马克思那里，贫穷是一个相对概念，因此，对于一个社会主义者来说，贫穷问题不仅仅是一个消除物质匮乏的问题，还包括人的尊严、自由和正义的问题。经济改组和社会改组的手段是服务和服从于自由和平等的道德目的的，因此应该从后者那里获得评价的依据。

最后，胡克指出，只有在民主社会主义社会中，科学探究的方法才能够被广泛运用到自然、社会和生活的一切领域。胡克承认：“就学说而言，我是一个民主主义的社会主义者，以与一个极权主义的社会主义者区别开来。”“我首先是一个民主主义者，我只是在社会主义方法为自由人实现一个更丰富的生活的范围内是一个社会主义者。这意味着我不相信整体解决，我的社会主义是一种点点滴滴的事情，一种多少由科学精神和民主信仰坚定了的事情。”在他看来，“社会主义、民主和科学方法，三者是不可分割的联系在一起的。没有另外的两者，任何一方也不能得以保全”[100]。把社会主义建立在民主和科学方法的框架内，在胡克看来，是民主的社会主义和极权主义的社会主义的本质区别。

胡克认为，作为一种生活方式的民主的社会主义社会，是“一个民主地组织起来的理性社会的概念，在此社会中，一切人都有机会和能力最大程度地发展自己作为人的高度”。它“不仅以一种比资本主义更为有效的经济来作为标志，而且以一种比在最民主的民主资本主义中所已发现的更为广泛的民主和文化自由为标志”[101]。它通过一系列制度，不仅要消灭物质匮乏和作为其结果的所有那些有能力和愿意工作的人的痛苦。

而且，在接受人类共同体的所有成员道德平等的前提下，延伸机会自由[102]，所以，社会主义社会为科学探究自由提供了制度和生活上的基础和条件。

胡克指出，民主社会主义社会为科学探究的自由扫除内外障碍，把科学探究方法视为解决一切问题的唯一权威。一切生产资料都为集体所有和民主控制，至于任何所有制和控制的具体形式，则依据科学方法和民主商谈决定，“重点与其放在财产关系的合法形式上，不如放在作为一种生活方式的民主的道德理想上，也就是全面发展所有的人作为人的方面。经济应该被看作是一种通向这种目的的方式”。在胡克看来，一种一切政策都由民主决定，教育不再是灌输，而是科学方法的训练，政治也成为一种学习、交流、合作和锻炼的方式。由于消除了政治上的暴政和经济上的暴政，消除了人与人阶级对抗的基础，胡克相信民主社会主义社会是一个无阶级的社会，在此，每个公民都能够参与集体政策的决定，以制定有利于解放各种各样有才能的人物为目标的明智的计划政策，同时也能够捍卫私生活领域，保证每个人在私生活领域都有自做决定的自由。

为了实现这种作为生活方式的民主的社会主义，胡克在自己的时代情境中提倡福利社会，“与作为一种生活方式的民主第一近似的是：建立一个真正的没有在它的国内外的例子中所感染的反复无常和滥用职权的福利国家”[103]。一个民主的福利国家的重要而迫切的问题之一是避免产生一个福利阶级，这个阶级成员渐渐地失去了从事维持成长所必需的生产劳动的动力。人们必须提供能够让共同体建立安全网或者最低生活保障的手段，提供公民一种道德和法律的平等，在时间和资源允许的范围内，寻求为所有的公民提供平等的全面的发展他们的潜能的机会。

综上可见，胡克实质上重新建构了社会主义概念。他认为存在两个社会主义的谱系：一种是马克思—列宁—斯大林的社会主义概念，他称之为极权主义的社会主义，一种是马克思—杜威—胡克的社会主义概念，他称之为民主的社会主义。二者的本质区别在于对待民主和科学方法的不同。后者是在民主和科学方法的框架下建立的，是它们的逻辑和现实的延伸物，前者则与民主和科学方法断裂，在胡克看来，这两种社会主义概念是自由和专制的区别。

他认为马克思所倡导的社会主义概念包括三层意义：

作为道德理想的社会主义，即以实现“每个人的自由发展是所有人自由发展的条件”的社会主义社会。

作为政治制度的社会主义，即建立一种取代资本主义政治制度，以保障新的生产关系和社会关系建立的社会。

作为经济制度的社会主义，即以公共利益取代私人利润，以社会公共占有取代资本家私人所有、以计划经济取代市场经济的社会。

在胡克看来，第一个层面的社会主义是最关键的，其他层面的社会主义概念都要根据第一个层面来决定其具体内容和具体形式。在他看来，斯大林的社会主义模式是一种舍本逐末的、教条主义的社会主义，它把社会主义等同于集体主义或者一切生产、分配和交换方式的国有化，其结果是放弃和损害了社会主义的道德理想，而民主社会主义则运用科学方法来理解和看待马克思的三种社会主义概念，把社会主义的道德理想放在第一位，因此，在胡克看来，这种社会主义才是真正的马克思的社会主义。其他的社会主义不过是用来实现社会主义理想的手段而已，当这种手段损害到目的的时候，它就丧失了社会主义的本义，就是背叛了的社会主义。真正的社会主义是与民主、科学方法相统一的，是以人类自由为目的，并根据这个目标来衡量的，它就是作为生活方式的民主的社会主义。

注释：

① Sidney Hook. Marxism and Beyond，Rowman and Littlefield，Totowa. New Jersey，1983. p.207.

②③④⑤ 资产阶级哲学资料选辑［M］(第12辑)，哲学研究编辑部编，1965：22；21；21；107.

⑥ Sidney Hook. A Critique of Ethical Realism［J］International Journal of Ethics，1930(1)，p.210.

⑦ 资产阶级哲学资料选辑［M］(第12辑)，哲学研究编辑部编，1965：110.

⑧ 普列汉诺夫.论一元论历史观之发展［M］，北京：三联书店，1961：87.

⑨ 萨特.存在主义是一种人道主义［A］，见《存在主义哲学》，商务印书馆，1963：337.

⑩ 古希腊罗马哲学［M］，北京大学哲学系编译，商务印书馆，1965：21.

⑪ 资产阶级哲学资料选辑［M］(第12辑)，哲学研究编辑部编，1965：7.

⑫ 资产阶级哲学资料选辑［M］(第12辑)，哲学研究编辑部编，1965：106.

⑬ 萨特.存在主义是一种人道主义［A］，见《存在主义哲学》，商务印书馆，1963：338.

⑭⑮⑯⑰ 资产阶级哲学资料选辑［M］(第12辑)，哲学研究编辑部编，1965：71；105；107—108；109.

⑱ 十六——十八世纪西欧各国哲学［M］，北京：商务印书馆，1975：263.

⑲ 黑格尔.精神现象学(下卷)［M］，北京：商务印书馆，1979：269.

⑳ 资产阶级哲学资料选辑［M］(第12辑)，哲学研究编辑部编，1965：134.

㉑ Sidney Hook. Out of Step：A Unquiet Life in the 20th Century，Happer&Row，Publishers，New York，1987.

㉒ John Patrick Diggings. Rise and Fall of American Left，New York：W. W. Norton. 1992. p.159-60.

㉓ Sidney Hook. the Philosophy of Dialectical Materialism1［J］The Journal of Philosophy，Vol25，No 3，p.124.

㉔㉕㉖㉗ 资产阶级哲学资料选辑［M］(第12辑)，哲学研究编辑部编，1965：35；13；105；109.

㉘ Sidney Hook. Experimental Logic［J］，Nind，New Series. Vol 40. No 160，p.424-438.

㉙ Ibid，p.424.

㉚㉛　资产阶级哲学资料选辑［M］（第 12 辑），哲学研究编辑部编，1965：31—33；34—35.

㉜　资产阶级哲学资料选辑［M］（第 12 辑），哲学研究编辑部编，1965：50-51.

㉝　Sidney Hook. Experimental Logic［J］, Nind, New Series. Vol 40. No 160, p.436.

㉞　Ibid，p.432.

㉟　Ibid，p.437-438.

㊱　John Dewey，Sidney Hook，Ernest Nagel. Are Naturas Materialists，The Journal of Philosophy，Vol42，No19，p.522.

㊲　资产阶级哲学资料选辑［M］（第 12 辑），哲学研究编辑部编，1965：418.

㊳㊴㊵　资产阶级哲学资料选辑［M］（第 12 辑），哲学研究编辑部编，1965：228；228；216.

㊶　Sidney Hook. John Dewey：an intellectual portrait，Greenwood press，1971. p.224.

㊷㊸　资产阶级哲学资料选辑［M］（第 12 辑），哲学研究编辑部编，1965：225；229.

㊹　Robert B. Talisse & Robert Tempio Sidney Hook on Pragmatism，Democracy，and Freedom：the essential essays，Prometheus Books，New York，2002. p.91.

㊺　Robert B. Talisse & Robert Tempio Sidney Hook on Pragmatism，Democracy，and Freedom：the essential essays，Prometheus Books，New York，2002. p.105.

㊻　Ibid，p.108.

㊼　Ibid，p.104-105.

㊽　Sidney Hook. John Dewey：an intellectual portrait，Greenwood press，1971. p.151.

㊾　Sidney Hook. From Question to Assertion［J］The Philosophy and Phenomenological Research Vol 7 No 3. p.439.

㊿　胡克．自由的矛盾情况［M］，何光来译，上海人民出版社，1964：10.

51 52 53 54　资产阶级哲学资料选辑［M］（第 12 辑），哲学研究编辑部编，1965：47；48；47-48；48.

55　Robert B. Talisse & Robert Tempio Sidney Hook on Pragmatism，Democracy，and Freedom：the essential essays，Prometheus Books，New York，2002. p.377.

56　Ibid，p.383-384.

57　Sidney Hook，Convictions，Prometheus Books，Buffalo，New York，1990. p.235.

⑱ 胡克.理性、社会神话和民主［M］，金克，徐崇温译，上海人民出版社，1965：285.

⑲ （英）戴维·赫尔德.民主的模式［M］，北京：中央编译出版社，1998：226.

⑳ 资产阶级哲学资料选辑［M］（第12辑），哲学研究编辑部编，1965：132-133.

㉑ Robert B. Talisse & Robert Tempio Sidney Hook on Pragmatism，Democracy，and Freedom：the essential essays，Prometheus Books，New York，2002. p.236.

㉒ Sidney hook，Political Power and Personal Freedom，New York，collier books，1959. p.58.

㉓ Robert B. Talisse & Robert Tempio Sidney Hook on Pragmatism，Democracy，and Freedom：the essential essays，Prometheus Books，New York，2002. p.283.

㉔ Ibid，p.246-248.

㉕ 现代外国资产阶级哲学资料选辑－现代美国哲学［M］，北京：商务印书馆，1963：272.

㉖ Robert B. Talisse & Robert Tempio Sidney Hook on Pragmatism，Democracy，and Freedom：the essential essays，Prometheus Books，New York，2002. p.264.

㉗ Robert B. Talisse & Robert Tempio Sidney Hook on Pragmatism，Democracy，and Freedom：the essential essays，Prometheus Books，New York，2002. p.241.

㉘ 胡克.对卡尔·马克思的理解［M］，徐崇温译，重庆：重庆出版社，1989：158.

㉙ Robert B. Talisse & Robert Tempio Sidney Hook on Pragmatism，Democracy，and Freedom：the essential essays，Prometheus Books，New York，2002. p.114.

㉚ 胡克.对卡尔·马克思的理解［M］，徐崇温译，重庆：重庆出版社，1989：243.

㉛ Robert B. Talisse & Robert Tempio Sidney Hook on Pragmatism，Democracy，and Freedom：the essential essays，Prometheus Books，New York，2002. p.119-120.

㉜ Ibid，p.120.

㉝ Ibid，p.120.

㉞ 胡克.对卡尔·马克思的理解［M］，徐崇温译，重庆：重庆出版社，1989：245.

㉟ 胡克.理性、社会神话和民主［M］，金克，徐崇温译，上海：上海人民出

版社，1965：172。

⑯ 布坎南．财产与自由［M］，韩旭译，北京：中国社会科学出版社，2002：63.

⑰⑲⑳㉑㉒ 选自 Sidney Hook《The Social Democratic Prospect》，it was the keynote address to the National Convention of Social Democrats，USA，held in New York on July 17–18，1976.

⑱ 资产阶级哲学资料选辑［M］（第 12 辑），哲学研究编辑部编，1965：325.

㉓ 胡克．理性、社会神话和民主［M］，金克，徐崇温译，上海：上海人民出版社，1965：290.

㉔ 同上，285.

㉕ 同上，285–286.

㉖ 同上，286.

㉗ Robert B. Talisse & Robert Tempio Sidney Hook on Pragmatism，Democracy，and Freedom：the essential essays，Prometheus Books，New York，2002. p.259.

㉘ 转引自 Robert B. Talisse & Robert Tempio Sidney Hook on Pragmatism，Democracy，and Freedom：the essential essays，Prometheus Books，New York，2002. p.14.

㉙ Ibid，pp14.

㉚ 参 看 Sidney Hook《The Social Democratic Prospect》，it was the keynote address to the National Convention of Social Democrats，USA，held in New York on July 17–18，1976.

㉛ Edward S Shapiro Letters of Sidney Hook：Democracy，Communism and the Cold War，M.，E. Sharpe，Inc 1995. p.39.

㉜ Ibid，p.165.

㉝ 马克思和马克思主义者：含糊的遗产［M］，《哲学研究》编辑部，1965：178.

㉞ 资产阶级哲学资料选辑［M］（第 12 辑），哲学研究编辑部编，1965：291.

㉟ 现代外国资产阶级哲学资料选辑－现代美国哲学［M］，商务印书馆，1963：276.

㊱ Edward S Shapiro Letters of Sidney Hook：Democracy，Communism and the Cold War，M.，E. Sharpe，Inc 1995. p.366.

㊲ Robert B. Talisse & Robert Tempio Sidney Hook on Pragmatism，Democracy，and Freedom：the essential essays，Prometheus Books，New York，2002. p.234–235.

㊳ Ibid，p.242–243.

⑲ Ibid，p.244.

⑳ 参 见 Christopher Phelps：Young Sidney hook：Marxism and pragmatist，Cornell university press，1997. p.173.

㉑ 胡克．理性、社会神话和民主［M］，金克，徐崇温译，上海：上海人民出版社，1965：73.

㉒ Sidney Hook. CONVICTIONS，Prometheus Books，Buffalo，New York，1990. p.19.

㉓ Ibid，p.19.

缺注释［104］

第五章　胡克自由观的意义及其局限性

一、胡克自由观的意义

胡克在工具主义的基础上，建立了一种新的自由观念，这种观念提供了一种基于人与其自然环境和社会环境中的其他人和事物在平等对待、共同参与、相互协调而实现共同成长的发展模式和程序，即科学探究的方法。在胡克看来，这种方法和程序的普遍应用就是他所主张的自由观念，全心全意的把科学探究的方法和程序应用到一切人类的困境，就是他的自由主义。在他看来，只有也只要实现这种自由，人类自由就能够实现。

胡克的自由观念对于传统的自由主义来说，具有一定的新颖性和借鉴价值，当代自由主义遭到了来自自由主义内部的多元主义的解构和来自社群主义的批判，本书从这二方面探讨胡克自由观的意义。

（一）一元论与多元论

1958 年，英国哲学家以赛亚·伯林（Isaiah Berlin，1909—1997）发

表了《两种自由的概念》，该书被称为“一篇货真价实的‘自由主义宣言’”，被列为战后“自由主义获得‘复兴’的标志之一”[①]，伯林在该书中，“对自由的论述已经成为定义自由主义的经典”[②]。在该书中，伯林指出存在消极自由和积极自由两种不同的自由观念，倡导价值多元论和文化多元论，这些观点在世界范围内引发出对自由的热烈讨论。在这些讨论中，保守主义政治哲学大师列奥·施特劳斯（Leo Strauss）指出，伯林的“两种自由概念”无异于宣告“自由主义的危机”，因为伯林的价值多元论暴露了自由主义无法奠定其“绝对主义基础”[③]。牛津政治哲学家葛雷（John Gray）则在其《各种自由主义》以及《后自由主义》中宣称：由于伯林的自由理论的存在，各种为自由主义寻找绝对基础的努力即所谓“基础主义的自由主义”都已难以成立，因此自由主义已经面临“后自由主义”的问题，即如何在放弃基础主义和同一性哲学等西方传统信念的情况下坚持自由主义。在葛雷看来，今天唯一可以辩护的自由主义只能是伯林的自由主义，即立足于彻底多元论立场上的自由主义[④]，伯林自由观的飓风效应由此可见一斑。

但是，以赛亚·伯林真的就足以宣告一元论的自由主义终结了吗？价值多元论就一定要与多元主义的自由观携手并进吗？伯林之后的自由观再也找不到合法的统一基础了吗？自由主义已经无可挽回地跃入后现代主义的潮流了吗？

以赛亚·伯林（1909—1997）与悉尼·胡克（1902—1989）不仅生活在相同的时候，具有同样的血缘（犹太人），都是欧洲移民的后裔，而且有着类似的共同经历，他们早期都是马克思的研究者和同情者，在50—60年代都卷入冷战的意识形态之战中，并肩战斗在欧美阵营中，都是中央情报局赞助的刊物《撞击》，《评论》的积极撰稿人。70年代他们共同为《观念史词典》撰稿，1980年胡克给伯林《反潮流》写书评，尽管他们都把观念看作是一种能够对现实发生作用的力量，并且把自己的观念建立在对现实事件的探究分析和尝试性的解决之上，但是他们类似的经历并不意味着他们拥有共同的观念。

伯林通过对观念史的考察，发现存在两种虽有重叠但决不相同的两类自由观念：消极自由和积极自由。所谓消极自由就是回答："在什么样的限度以内，某一个主体（一个人或者一群人），可以或者应当被允许，做他所能做的事，或者成为他所能成为的角色，而不受别人的干涉。"它关注的问题是："有多少扇门是向我敞开的？""哪些前景是向我开放的，开放的程度有多大？"而积极自由则是回答："什么东西或者什么人，有权控制或者干涉，从而决定某人应该去做这件事，成为这种人，而不应该去做另一件事，成为另一种人？"它所要关注的则是："这里谁是主管？""谁在控制？"⑤

伯林认为消极自由所涉及的主要是"不受控制的范围"，在此意义下，如果说我是自由的，就是说我不受别人干涉，不受别人干涉的范围愈大，我所享有的自由也愈广。在伯林看来，英国古典政治哲学家如洛克、穆勒、霍布斯、边沁等都是在此意义上使用"自由"概念的，而积极自由的要求产生于"每个人都想成为自己的主人，都有自我导向、自我实现的那种愿望"。这种自由要求自我做主、自我支配、自我实现，欧洲大陆的哲学家如康德等往往采取这种自由观念。

在伯林看来，消极自由和积极自由都是真实存在的问题。这两种自由都是人所需要的，但是，这两个概念无论在政治上还是在道德上均被歪曲过，并向其反面发展。尽管积极自由是任何有尊严的生活所不可缺少的，但是较之消极自由，它更常遭到人们的滥用。因此，相形之下，消极自由比积极自由观念要安全一些。

伯林指出，一元论的价值和文化观是导致积极自由观念被滥用的思想根源。一元论价值观并不否认人们存在各种价值和文化的需求，但是认为它认为在这些人们所欲求的众多价值和文化中，只有一种价值和文化是最根本的。人们只要也只有实现了这种根本的价值和文化，就可以一劳永逸地满足所有的价值追求，相反，如果丧失了这种根本价值，那么其他价值都不可能得到实现，因此为了实现这个根本价值，所有别的价值都必须为它让步，甚至牺牲。尽管关于这种最根本的价值究竟是自由、平等、博爱还是其他的问题，一元论者争论不已，从无定论。但是他们都坚信：人类所信仰的所有积极价值，最后一定可以相容、甚或是彼此互相蕴含在对方之中的。在此逻辑的支持下，一元论者就合乎逻辑地走上了强制人们自由的道路，走上了为了帮助某人实现一个未来的根本价值，而“义不容辞”地肆意践踏其所钟爱的许多其他价值的道路，自由走上了自由的背叛。

伯林对这种自由背反开出的药方是价值多元论和文化多元论。伯林指出，事实上，人们所追求的价值总是多样性的，这些多样的价值是不同通约的，不仅善与恶之间存在着明显的不可通约性，而且善与善之间存在着无法消解的不可通约性，这些构成人类实际生活中普遍存在的两难处境：“在某些特定情形中，是不是要以牺牲个人自由作为代价来促进民主？或者牺牲平等以成就艺术、牺牲公正以促成仁慈、牺牲效率以促成自发性、牺牲真理与知识而促成幸福、忠诚与纯洁？”⑥由于这些相互冲突的价值不可能两全，因此就不得不有所取舍，“于是，选择的需要，为着一些终极价值而牺牲另一些终极价值的需要，就成为人类困境的永久特征”。但是，由于价值不同通约，平等不等于自由，正义不等于友爱，任何被牺牲的一方都不可能从另外受益的一方中获得补偿，失去的永远是失去。因此这些价值犹如“奥林匹斯山上的诸神”，每一个都有自己独立的价值，都应该获得平等尊重，是多元价值，我们无权以一种价值来强制另外一种价值。

就自由而论，在伯林看来，我们无权以自由借口，对别人乱加干涉。每个人在与别人无涉的情况下，都应该保有不受干涉地追求自己想要追求的价值的自由权利，因此每个人都必须保有最低限度的个人自由，才不至于“贬抑或者否定我们的本性”。

尽管伯林看到了在价值多样性和相互冲突的事实，因此提出价值多元和文化多元的主张，但是他没有提出一条切实可行的制度化措施。他只是发现了传统的基于某一种价值而建立的自由主义所蕴含的对自由的毁灭，却不曾找出替代它的具体方案：是否所有的多元价值都是正当价值？如何判断价值的正当性？由谁来判断？由谁来保障多元价值？当人们所持有的多元价值发生冲突的时候，如何调节？当一个人面临多元价值选择的困境的时候，如何选择？伯林认为存在一个最基本的自由权利清楚明白的领域，但是没有告诉我们如何鉴别什么是这些清楚明白的领域，因为对于这个问题，哲学家所提供给我们的是多样的版本，而且在他们那里，每一个领域看来都是清楚明白的，因此，事实上，这不是把我们送入清楚明白的领域，而是陷入混乱冲突的领域。

纵然存在一个所谓的公认的、必须得到保障的、清楚明白的个人自由领域，那么由谁来保障呢？如何保障呢？如果说国家和法律是伯林的选择，那么由谁来保障国家和法律的权力不被滥用呢？如何保障国家和法律不会通过对清楚明白的个人自由的概念的解释来操纵对人们自由权利的干涉呢？如果伯林拒绝国家和法律的工具，那么依靠每个人的良心和内在的判断吗？在胡克看来，良心是不可检验的、言人人殊的东西，它事实上可以被用来为任何行为加冕，因此以它为标准，事实上就是以混乱为标准。依靠市场的自发调节功能能够保障这种清楚明白的个人自由吗？在胡克看来，在一个没有法度和国家的调控的市场中，人们是不可能平等的分享任何自由权利的。

因此可见，建立在所谓的价值多元论和文化多元论基础上的制度指向，是多元的，就是说，不仅可能是朝向民主的，而且是可能朝向无政府主义甚至专制制度的。

但是，在伯林哑口的地方，却是胡克谈论的中心。

胡克与伯林一样，看到价值多样性和价值的冲突的事实，把它作为自己理论的基础，但是与伯林只是轻描淡写地提出一个价值多元性和文化多元性的口号，提出必须保障所有人共享一种不甚明了的所谓“清楚明白”的个人自由权利领域不同，胡克更推进了一步。胡克指出，不仅善与善会发生冲突，善与对、对与对也会发生冲突，这些冲突不仅发生在人与人之间，而且会发生在人自身，因此人必须在自己所欲求的多样价值中进行选择，这是“生活的悲剧感”，它不是一种偶然性的错误，而是人生活本质的一部分，因此这种冲突应该作为一种构成性因素纳入到我们对道德和政治等方案的规划中。

胡克指出，人们直接欲求的价值是多样的，因此从抽象的意义讲，没有任何一种具体的价值自身就具有优先性，在任何情况下都应该得到优先考虑。所以从一般的意义讲，我们应该平等地对待我们所欲求的所有价值。但是，我们并不仅仅是在抽象的意义上与我们的诸多价值相处的，诸多价值总是作为一种构成性因素参与到我们致力于通过与环境的互动，以实现自由成长的过程中。换言之，真正与我们相处的是处于具体情境中的我们的价值。当这些价值发生冲突的时候，一个共同的问题就构成一个判断的标准：那个在此具体情境中，能够最有效的促进我们的自由成长的价值，就是我们在此情境中的最优价值，即不仅是直接欲求的价值，而且是最值得欲求的价值。因此，价值多样性是价值选择的前提，但是不是价值选择的结果。因此，胡克指出，多样性价值只是假设意义上的多元性价值，在现实的、具体的生活意义上，我们总是要实用主义地选择我们的价值相对优先序列，这种序列从来都不是固定的，它不仅仅只是来自逻辑的推理，更是来自于经验的事实，来自具体情境中的互动的后果。

由于没有任何一种价值具有在先的优先性，因此当人们面临价值冲突的时候，不能把任何一方所奉行的价值作为判断的唯一标准，而应该把所有人所奉行的价值作为判断的假设，把它们投入价值冲突的实验中，根据其所产生的后果对于解决情境冲突的有效性的程度来确定其优先性，这意味着在解决价值冲突的战争中，理性或理智应该被看作是一种唯一公认的权威，因为与各种具体的价值不同，理智或理性是自我纠正的，它是没有原点的，它为不同的价值进行平等竞赛提供了一个平等的平台。

胡克指出，这种理智地解决价值冲突的方法，就是科学探究的方法。这种方法不是用一种价值来打压另外一种价值，也不是通过还原建立一个一劳永逸的价值优先系列，而是让某一种价值都参与到对问题的解决中，通过诸价值之间的平等互动，在民主、自由的基础上构建一个相对最有效、最有利、最易于给各方所接受的价值整体结构，由于情境总是变化的，因此这种价值整体结构从来都不是一劳永逸的，而是永远在实验中的，永远处于可以动态调整的状态。

所以，在胡克看来，科学探究的方法是既能保障人们共享多样价值，又能够有效地解决价值冲突的最佳方法，只有在科学探究的自由得到保障的前提下，自由与权威才能够获得和谐共处。要保障科学探究的自由，就必须首先至少保障人们享有宗教信仰、言论、出版、集会等人权法案上所规定的众多自由权利，这些自由权利是保障多样性价值平等生存的前提，因此应该看作是战略性的自由权利，得到国家和法律的保护，要求人人遵守，但是战略性的自由并不意味着就是绝对的自由，这些自由权利并不是不可剥夺的。为了自由的整体结构，在具体的情境中，我们有时候不得不合法合理的剥夺部分自由权利。所以，并不存在一个可以在先的确定下来、不可更改的清楚明白的自由领域，理性或理智总是要参与到对一切具体情境中的具体问题的解决中来的。所谓清楚明白的自由领域同样要经受科学探究的方法的检验和判断。

胡克进而从科学探究的自由得以进行所必需的社会环境和人的条件的角度，和将科学探究的方法应用到对这些必需的社会环境和人的条件的选择的角度，提出一系列关于政治、道德等方面的制度规划。

所以，在自由的悖论和价值的冲突的基础上，伯林建立的是价值多元性和文化多元性，胡克建立的则是基于科学探究的自由之上的价值多样互惠和文化互动。在胡克看来，没有科学探究的自由，那么伯林的价值诸神的世界就或者是一个混乱的世界，或者是作为对这种混乱的经验后果的专制的世界，无论是哪一种情况，都是不利于价值诸神的生存和发展的。因此，如果按照胡克的思路，那么伯林的自由观所能够消解的只能是基于某种具体的价值体系而建立的一元论的自由主义，而不是基于一种普遍有效的科学探究方法而建立的一元论的自由主义，在科学探究的自由之上，是可以有效地解决伯林所提出的所有问题的，即便他倡导价值的多元性和文化多元性，如果不是建立在科学探究的自由之上，也是行不通的。因此，与其说伯林宣告一元论的自由主义的终结，不如说宣告了一元论的自由主义的转型，这是一种建构方法的转型：经验上普遍有效的程序取代逻辑上普遍有效的元价值成为建构自由主义的基石。

（二）自由主义与社群主义

20世纪晚期，在美国和欧洲一些国家，自由主义和社群主义之争成为政治哲学的热点。这些争论一直持续在现在，依然没有断论。关于胡克的自由理论对于自由主义和社群主义之争的贡献，2001年坦立沙（Robert Talisse）在《思辨哲学杂志》上发表了一篇题为《自由、共同体和民主：胡克的实用主义的商谈主义》中做了充分细致的阐述，证明胡克的政治哲学可以成为解决自由主义和社群主义之争的一个有效解决的参考方案，以下就简单地阐述其基本观点[⑦]。

坦立沙指出，社群主义与自由主义在自我概念、权利观念和国家宗旨等方面存在根本性的分歧：

社群主义者指出，作为自由主义理论基础的是这样的一种自我概念：自我是一种在社会和国家之先存在的理性存在物，它本身是自足的，民主社会和国家是自我基于提升自身的利益而自愿选择进入的一种社会组织，自我并不企图从国家和社会获得任何关于应该如何发展自我的建议，而只是把它们作为一种旨在保护自己更好地实现自我的工具，这种工具的主要功能在于消除自我自由成长的障碍，而拒绝它参与到对自我的自由发展的进程中来。因此，民主国家必须对于关于公民应该如何生活，关于什么样的生活是善的问题缄口不言，保持中立。因为个人自由选择一种好的生活的概念的能力是人的自由的本质，一个民主国家的政策除了保护个人以外不能有任何具体的道德方面的概念。因此，它倡导一种最小化的国家理论，以提供一种公平而中立的政治框架，在此框架中，个人能够享有自由，受到平等对待，这个民主自治的国家，其首要的功能是为自由和平等的人民能够和谐相处提供社会条件和政治制度，在此，个人权利和社会正义成为一切政治行动的决定性因素，任何旨在超出这个目标的国家行为都构成对自由的不公正干涉，因此应该遭到拒绝。

在社群主义者看来，自由主义者所持有的自我概念无疑是虚假的，因为社会和国家并不是我们自愿选择的结果，社会和国家是先于个人自愿选择而存在，人首先不是作为一种抽象的概念存在于社会和国家之外，而是从其一产生以至到灭亡都是置身于一定的社会和国家之中。桑德尔指出："我们是家庭或共同体或民族或人民中的一员，是历史的承担者，是革命的子民，是共和国的子民。这些忠诚比我偶然拥有或在任何指定时间信奉的目标更有价值。这些忠诚超出了我自愿承担的义务和作为一个人的天职。这并不是出于我同意的原因，而是由于那些或多或少的持久的情感和承诺在一定程度上共同界定了我是人的含义。"人并不是自足的，人的意识、观念、理想和德性等都是由他所处的社会塑造出来的，因此这些社会和国家对它应该负有责任。一个民主的国家应该要求其公民具有足以享受真正地自治得自由的美德，这些美德只能在一种适当的共同体中培养。因此，民主国家就必须创造条件，帮助塑造公民具备自治所必需的美德。一个不能满足这种规范性的使命的国家是不合法的，因为它不能提供自由的必要条件，不能保证它承诺的自由。在此，不是个人的权利和社会正义，而是公共利益和美德成为一切政治行动的决定性因素。国家就不仅仅要帮助它的公民，而且必须把这些公民塑造成为好的公民。

社群主义者指出，由于自由主义者主张国家在道德上的中立立场，实质上导致国家在道德市场的无政府状态，一些美好的传统道德如家庭伦理、诚实品德、友谊等被庸俗的唯物主义所吞噬，因此表面上，自由主义的国家是道德中立的，实质上是对庸俗唯物主义的姑息养奸。作为这种道德中立的后果是，公民责任和政治参与的热情丧失。

自由主义指出，如果国家负有塑造公民的品德的责任，那么谁来决定这些适当的品德是什么呢？谁来检验这些品德的适当性呢？谁来保证这些品德是最适合于每一个公民的呢？自由主义者从社群主义者的国家观中看到了强制、强迫和专制的影子，在他们看来，任何一个基于超出自由主义的国家理论而建立的国家，一定是非民主的国家，因此社群主义是一种非民主的专制哲学。

坦立沙指出，由于自由主义和社群主义的相互指责，双方都发生了商谈的转向。为了缓解自由主义的分离和孤立倾向，自由主义者提出一种“民主的公民责任的理想”，在此理想中，公民聚集在一种“公共政治论坛”里，在此每个参与者都把彼此看作是平等的，在平等商谈的基础上，通过公共理性，形成公共意志。但是为了促使商谈能够进行，自由主义者对商谈的内容和方式进行限制，要求参与者不抱任何成见的参与商谈，而且回避可能存在分歧的议题，因此，“关于解决深层次的道德、宗教和哲学争端就从政治领域中被撤除，放入到私人领域中去”。因此，这种商谈的公共理性实质上是人为的、虚假的，因此遭到社群主义的再度攻击。

社群主义为了摆脱强制和多数暴政的指控，主张诉诸公民美德、被分享的价值和共同体的道德感，为了保证所形成的道德是客观的共识，社群主义者也走上商谈的道路，但是这种商谈同样是不充分的。如果说自由主义的商谈模式是通过把人们不一致的道德概念和冲突撤出商谈领域的方式来形成公共理性，那么，社群主义的商谈模式则是通过预设人民之间的深层次的道德一致性是一个存在的事实来进行的，因此实质上，他们的商谈模式都没有能够帮助他们摆脱对立面的指责，他们的观念先行的商谈模式不过是一种招募公共商谈的观念来修补其一般政治哲学的框架的不足而已，其结果是重新彩排或者重新揭示了双方意图消除的理论困境而已。

因此，要形成一种真正的民主共识，就必须消除自由主义和社群主义的观念先行的限制，把公共商谈主义作为形成和塑造民主共识的基础，只有这样，才能真正解决自由主义和社群主义无止境的争论。在此，坦立沙指出，胡克就提出了这么一套完整的商谈主义版本，可资借鉴。

胡克指出，政治民主的概念蕴含着一定的生活方式，民主只有在一定的共同体条件下才能生存和发展，因此它预设了一个共同体的存在。因为民主的社会就是一个政府依靠被统治者自由表达同意的社会，所以为了保证同意是自由给予的，就必须在政治上确定一系列使得自由同意得以操作的政治程序，在经济上保证共同体的所有成员经济安全，但是要想使得民主程序真正成为自由同意的表达，就还必须保证共同体的所有成员不仅能够充分的获得相关的信息，而且能够知道这些信息的意涵。要知道这些信息的意涵，最好的办法就是探究，通过科学探究模式，共同体在自由商谈中形成共识。在此商谈中，不同观点不仅不被在先的排斥，而且成为商谈卓有成效的信息来源，每一种观点都获得平等的对待，民主共同体就转变成为探究共同体，通过科学探究所形成的共识就不再是一种人为的造作，而是一种共同体成员的共同的理性和利益的结合物。因为在此探究中，不仅没有任何参与者所持有道德价值在先的被看作是非法的，被排斥在商谈之外，也没有任何一个参与者的道德价值概念被看作是预定为大家所接受的，因此获得特别的对待，而是把所有的道德价值概念都看作是一种假设，根据其对解决共同体所面临的问题的效果来确定其接受程度。

因此，尽管科学探究的方法也许不能一下子解决自由主义和社群主义所有的问题，但是为解决这些问题提供了一个有效的方法。在作为探究的共同体的社群中，个人既不是在社群之外的孤立存在，也不是被社群所吞噬的、被完全同化的人，它既不是完全封闭在自己的目的之中，也不是完全被社群的目的所左右，它所拥有的目的、自由和权利在探究中获得共同体的公平对待，在形成的共识中有所体现，尽管形成的共识并不是这种目的、自由和权利的副本，但是那些差异的部分，在它看来，并不是一种外在的强加，而是自我观念的一种自愿的成长。因为自我的成长就是在这些互动中实现的。因此探究的过程也是一种认识和重构自我的过程。

这种探究的过程也是权利和公益交汇的过程，共同体的公益就在于尽可能的平等维护和实现每一个共同体成员的自由发展的权利，每一个成员的权利也只有在有助于公益的实现上才是现实的。科学和民主探究的过程要求国家提供一种规范，但是这不是某种具体的道德规范，而是一种方法的规范，一种为科学探究的自由开展扫除一切内部障碍的规范，归根到底，就是培养一种把民主作为生活方式的公民。

其实，在胡克看来，“在自然中根本没有人类自由，人类自由是一个社会的产物、一个自由社会的产物。政府和国家不是对人类财产的人为添加物”。自我从来都不是脱离一定的社会和自然环境中的抽象存在物，这些环境和自我一起构成一个情境，在胡克看来，自我只能在这个框架中行动，但是这个框架却不能决定自我是什么。自我是什么，是一个由自我的载体和与环境互动的结果来定义的事情，由于自我是开放的，因此，这种定义是永远在进行中的，无论是自我还是社会环境都不能单方面的决定其内容，因为如果说人的自我是其社会环境的产物，那么人就不必为自己的行为承担任何道德责任和法律后果了，正如达罗的辩护所说明的，如果说人的自我完全不受其社会环境所影响，社会对于他来说，不过是用来清除那些阻碍他的自我封闭式成长的因素的工具，那么道德谴责和法律惩罚对于他来说，仍然是毫无意义的，因此这两种观点实质上都置法律和道德以无根基的状态。

胡克的自我概念，既不是一个空空的、有待社会来填满的口袋，也不是一个由潜能向现实转化的预定过程，而是一个成长概念，由于自我的潜在欲求是多样的，生活的社会环境是开放的，因此在与环境的互动中，自我的选择是无所不在的。所以，自我既要承认自由的限制性条件的客观存在，把它作为现实的构成因素，又要明了自己所具有的选择性，因此承担责任。当二者发生冲突的时候，科学方法会提供一个相对的、暂时的优先系列。

胡克的权利概念，同样也不是与公益无涉的。在胡克看来，权利首先是一种社会概念，“一种权利就是在一定的时间和条件下限定别人不论法律实际上在当时是否承认，都有责任或义务予以承认的要求。这种义务是由于人们经过内心思索后，认为某种共同的目的、目标或需要——也就是某种共同的利益、需求或感情——要求这些权利参与发生作用而发生的”[⑧]，因此，“权利和义务的概念本质上是一种社会概念，一方面提出和另一方面承认这种概念都要在社会（不论怎么小）之中才有意义，权利和义务的含义虽然不能转化为利益的含义，但任何具体的权利和义务都必须提出某种共同的利益或这种利益的预期的满足来作为最后的根据”[9]，但是，“要是不明智的仔细考虑一下，选用不同的方法促进实际的或假定的共同利益时所产生的后果如何，我们就无法正确地确定究竟哪些要求应当提高到权利的地位。道德权利是由利益和理智结合而产生的，并受到共同利益的培育和加强”[10]。另一方面，在胡克看来，国家或团体作为人的结合体，其存在的合法性和正当的权力来自于对其成员的权利的维护，这是将他们纽结在一起形成一个国家或团体的纽带。因此，对于一个国家或团体来说，成员的权利也就是其重要的公共利益所在。

胡克承认正义是国家的价值目标，但是他同时指出，“正义的概念中包括两个概念（尽管它们不是熔合在一起的）：平等和人类福利”[11]。平等是任何可以理解的正义理论的必要而不充分的条件。除了形式上的法律平等，正义的法律必须关注法律对其所产生的对人类福祸的后果。尽管追求正义与追求幸福或者人类福利相区别，但是它们最终是不可分离的。世界上没有任何人是真正白手起家、自力更生的，当我们想到我们欠共同体的东西——我们的语言（没有它们就不可能思想）、我们的技能（依靠前辈们所积累的传统）、我们的知识（大多继承而来）、我们的安全、健康，我们就会采取一种开明的自利原则[12]。

国家应该平等地关注其所有成员全面发展自己作为人的能力，这个原则应该成为国家确定作为还是不作为的一个行动的指标。由于“自由人”这个概念的本质在于选择的权力、发展自己的趣味、判断和整个社会模式的自由。因此，在那些个人的经验领域——友谊、家庭、文化追求领域，国家不应予以干预，充分保证其自由。在那些区别对待会阻止他人的个性发展或者腐蚀、削弱机会平等的领域，在为了服务被统治者的目的而存在的公共机构中或者在公民身份、居住、职业和学校教育领域中，国家必须予以干预，因为它们显然妨碍了那个过自己的生活的人的权力。在胡克看来，国家对其成员的平等关注，并不是一律对待，也不是平均分配[13]，而是犹如一个善良的家长对待其子女、一个优秀的医生对待其病人一样，要从公益的后果的角度来区别对待，因材施教，对症下药。

因此，胡克指出，国家在帮助其所有成员全面成长上负有道德上的责任，这种责任不是通过对其成员灌输一种道德观念来履行，而是通过为其平等关注共同体的所有成员全面发展自己作为人的能力的方式来实现的，这意味着民主的共同体有义务给予它的所有公民机会均等，无论种族、肤色、宗教、性别、民族等，要求为人们在所有领域，特别是那些教育、居住、健康、就业等个人发展其作为人的最好潜能的领域，朝向更大的机会均等的方向发展，因此，国家所奉献给其成员，不是某种道德教条，而是一种民主的生活方式成为可能的科学探究的方法，以及为了将这种方法贯穿到一切领域中去所作出的不懈改革。

综上可见，胡克的自由观念处于自由主义和社群主义的交接点，它把社群主义和自由主义的基本原理在实用主义的立场上加以综合，予以焊接，尽管这种焊接也许是不自觉的，但是它对于激发争论双方的进一步融合，不无启发意义。

二、胡克自由观的局限性

胡克试图用实用主义的方法，在充分吸收社会主义和自由主义的精髓的基础上建构一个自由的观念体系，这种以科学探究的自由为中心的自由观念，尽管立意高远，内容丰富，但是理论的漏洞也是显然的。

首先，胡克的自由概念是建立在工具主义的基础上，他把工具看作是分析人类自由的一个标本和化石，这固然看到了传统自由观从内在直觉或外在经验来分析自由的不足。工具较之内在直觉和外在经验，无疑更加客观，但是正如他所指出的，工具决不满足于仅仅作为工具而存在，当一个工具被采用的时候，它总是企图篡改利用者的意图，从而达到反操纵的目的。因此，我们对工具进行分析的时候，所获得的信息并不一定就是对人与自然的真实汇报，而可能是工具所意图施加给我们的虚假信息。另一方面，按照工具主义理论，人的目的性动机贯穿在所有的行动中，当我们挑选工具、分析工具、推理结论的时候，我们的先见已经在潜在的指引着我们的结论。因此，所谓对工具的客观分析，实际上可能常常是用工具为障眼法，来为自己的先见签上所谓的客观的章印而已。因此，从工具分析的角度来为自由观奠定形而上学的基础，实际上并不是客观的。因此，这种基础并非牢不可破。

其次，胡克尽管看到科学探究的方法在人类认识和控制环境中的重要作用，但是，他进而把它看作是一种获得可靠知识的唯一方法，这就由方法的开明走向方法的专制。因为胡克自己也承认，科学探究的方法是一种暂时性的最优方法，是一种我们既有的经验证明极其有效的认识方法，但是这并不意味着它就一定永远是最好的方法。因此，如果把它看作是唯一的可靠方法，就无疑把这种开放的方法转变成为独裁的方法，从而产生一种方法的偏执。这种偏执自身会扼杀科学方法的生命力和再生力。

这里胡克忽视了两个方面的问题：第一，科学探究方法的应用需要具备一些关于人和社会等因素的条件，尽管科学探究方法的广泛应用有助于这些条件的产生，但是科学探究方法不会自发地运转，这意味着首先要为引入科学探究的方法扫平道路。第二，科学探究方法虽然在获得知识上是卓有成效的，但是在对抗权威、独断等方法上则是脆弱的。科学探究方法能够以成果来征服人，而后者则可以用暴力和垄断来消除这些成果甚至科学探究方法自身的应用。

胡克在这里，陷入了理性的狂妄中，他坚信：理性就是力量，一种方法只要证明是合理的，就一定会被人民普遍接受。因此，理性为自己开辟从潜能到现实的道路。尽管胡克经常嘲笑这种理性的狂妄，但是不知不觉中他也陶醉在此狂妄的幻觉中。

当这种幻觉破灭的时候，在胡克的自由观下就结出了新保守主义左翼的果实来：理性要通过自己的信徒，运用暴力来在异邦强制种植自己的自由根芽。因此，胡克的自由观逻辑地而不是必然地通向新保守主义的政纲。

最后，胡克过于看重政治决定的意义。在他看来，经济基础并不能决定上层建筑，上层建筑在一定的意义上却可以决定经济基础。尽管他批判苏联的做法违背马克思关于经济基础决定上层建筑的基本原理，因此不是真正的马克思主义，但是他同时又批评马克思忽视了上层建筑特别是政治决定对于经济基础的建立的重要作用，在他看来，政治决定的形式比经济组织的形式更加根本，民主的政治制度比社会主义经济制度更加根本，因为没有民主的社会主义会蜕变为比民主的资本主义更加野蛮的剥削和压迫。只要民主的政治程序存在，人民早晚一定会通过它来制定和实施有利于社会主义实现的条件来，最终实现社会主义。但是他没有看到，资本主义民主的政治程序之所以能够在二战后朝向福利国家转变，其重要原因之一在于人民之间的经济关系已经发生改变：资本主义社会由生产导向型社会转向需求导向型社会，由资本控制型转向风险共享型社会。资本主义已经从一个消费依赖于生产的社会转变成为生产依赖于消费的社会，这些经济关系的转变加速了对资本主义社会定型的阶级结构和等级结构的消解过程，不同阶层人民之间的相互依赖和相互转化的程度加速，这一切因素，推动社会朝向一种平等化的趋势进展。

由于坚持政治决定优先于经济基础，所以胡克拒绝公平地对待一切在非西方民主的方式的基础上所进行的社会主义建设，在他看来，这些建设都必然是苏联悲剧的重演，都必然要付出道德的代价。因此，对这些国家横加干涉。胡克的这种偏见已经遭到事实无情的纠正。究竟是民主先行还是社会主义先行，这应该由实验的后果来决定，而不应该在先的确定，胡克在此偏离了实用主义的实验标尺，陷入了理论的沼泽。

胡克最大的失误是对中国共产党领导下的社会主义建设进行了错误的评价和负面的报道，由于坚持一种对西方民主的拜物教态度，胡克既没有看到在三座大山压迫下的旧中国，根本无法提供应用西方民主所必备的物质、精神和文化条件，也没有看到在共产党的领导下，正在为进一步实现越来越多、越来越好的真正的民主政治创造出了越来越多的物质、精神和文化等条件，这些条件依靠照搬西方模式是创造不出来的。因此，胡克对民主的强调并没有错，错的是他认为只有先采用西方民主的方式，才能建设社会主义，他看到了民主对于社会主义建设的重要性，但是他没有看到社会主义制度自身能够为真正的民主创造条件，特别是在一个不具备民主传统、西方民主行不通的社会中。尽管他认为民主和社会主义是互惠的，但是可能是受限于欧美中心论的狭隘视野，他在实际中，常常只看到一方面，而不是双方面的互动和互惠效果。

归根到底，胡克的失误并不在于他对科学探究的方法的坚持，而在于他对科学探究方法的偏执。他要求把科学探究的方法彻底应用到一切领域，但是他自己在许多问题上却没有这么做，而是用一种普遍的、内在逻辑的方法取代了情境的、实验逻辑的科学探究的方法。因此，在许多问题上，他仅仅止于“科学探究方法的拜物教”的水平。

胡克的自由观的得失还有很多，这里不一一展开，就总体而言，尽管胡克的自由观存在许多的问题和不足，但是它确实是一种相对新颖的、比较系统的自由观，这种自由观由于是建立在突破传统的二元论的基础之上，把思维与行动、个人与社会、动机与后果、目的与手段放在一个整体中来研究，因而能够打破横亘在理论和实践、内在世界和外在世界之间的断裂，把自由观念转变成为一种可以应用、可以操作、可以检验、可以修正的事情，因此，从观念的成长性和观念与现实的互动而言，无疑较之传统的自由观念，有着更大的优越性，因此对于丰富和完善自由观念来说，还是颇有启发意义的。

注释：

① （意大利）马斯泰罗内．当代欧洲政治思想［M］，北京：社会科学出版社，1996：85.

② 顾肃．自由主义基本理念［M］，北京：中央编译出版社，2003：64.

③④ 参见甘阳．伯林与“后自由主义［J］，读书，1998（4）：42.

⑤ 伯林．自由论［M］，胡传胜译，上海：译林出版社，2003：188.

⑥ 同上，47.

⑦ Robert Talisse. liberty，Community，and Democracy：Sidney Hook's Pragmatic Deliberatism［J］The Journal of Speculative Philosophy，Vol15，No. 4，2001，p.286–304.

⑧⑨⑩ 胡克．自由的矛盾情况［M］，何光来译，上海：上海人民出版社，1964：4；4–5；4.

⑪ Robert B. Talisse & Robert Tempio Sidney Hook on Pragmatism，Democracy，and Freedom：the essential essays，Prometheus Books，New York，2002. p.428.

⑫ Ibid，p.382.

⑬ Ibid. p.433.

结 语

胡克的一生，是矛盾而悲剧的一生：作为美国较早接触到马克思主义的学者，胡克曾经成为20世纪30年代美国唯一公开的马克思主义的学院教授，不遗余力宣传社会主义，但是在冷战时代，胡克却成为可耻的反共产主义者，乃至获得美国总统自由奖章，但是直到生命的终点，他依然认为自己是一个一以贯之的社会主义信徒；作为美国实用主义大师杜威的得意弟子和得力助手，他试图将实用主义所倡导的科学探究方法贯彻到一切领域，将实用主义与马克思主义结合，建立一种基于科学与民主的实用主义马克思主义，但是今天不仅马克思主义不承认它，实用主义也不置可否。尽管胡克被认为“一生致力于自由”，从来拒绝新保守主义称谓，但是在他死后，却被美国新保守主义封为“宗师”，成为美国从事各种遏制自由活动的一块招牌。

胡克被称为美国当代最有争议性的人物，就他的自由观而言，正如前面所说，这些争论最突出的表现为以下三个问题：

1. 胡克究竟有没有一个一以贯之的自由观念？如果有，是什么？

2. 胡克究竟有没有发生自由观念的转变？如果有，这些转变的后果是什么？

3. 胡克的自由观念在他的思想和实践中发挥什么样的作用?

本书以上诸章从三个方面对胡克的自由观念作了尝试性的系统的探究:从胡克自由观念的实践和理论来源上分析了这种自由观的产生背景;从胡克对他生活的时代所盛行的几种自由观念的批判中勘定胡克自由观念的内涵;从胡克在不同时期不同场合所阐述的自由资源中发掘出胡克自由观念的内在逻辑体系。通过从历史、逻辑、现实这三个角度进行考察,本书可以对以上问题作出明确的回答:胡克确实持有一个系统而统一的自由观念,这个自由观念就是科学探究的自由,就自由观念而言,胡克并没有发生转变,无论是他青年时期对美国资本主义自由放任主义的谴责,还是中年时期对苏联社会主义的批判,乃至晚年投身于冷战的反共阵营,这些变化只是他实现其自由观念的策略性的转变,他的自由观念自身并没有发生变化,自始至终,他都把科学探究的自由视为实现人类自由的最好的手段,把建立一个能够将科学探究的方法普遍应用到一切领域的社会主义社会,视为自己终身的理想和目标。

但是,这并不是说胡克的政治立场没有发生转变,而是说胡克政治立场的转变不是由于他的自由观念发生了转变,在本书看来,转变的根本原因在于他没有把科学探究的方法彻底的应用到他自己对科学探究的方法的信守上,没有把科学探究的自由彻底的运用到他对科学探究的自由的维护上,换言之,对科学探究的自由的拜物教,是胡克发生政治转变的根本原因。

根据科学探究的方法,要从问题所产生的具体情境入手,从在当时当地条件下可供选择的方案中,寻找到能够兼顾相关的各方利益、集中相关的各方智慧的相对最优方案。就科学探究的自由而言,也是如此。要用科学探究的方法去寻找一条能够在具体情境下最大化的实现科学探究的自由的相对最优方案,由于美国和苏联、发达国家和落后国家的具体情境不同,因此可供选择的、可以实际有效操作的具体方案,也会有所不同，应从其具体情境、历史和习惯等诸多因素来考虑，寻找相对最佳方案，而不是强硬地将一种所谓普遍的模式强加给每一种情形。确实，民主对于科学探究的自由具有重要的意义，但是要注意的是，首先，民主的模式不是固定的，要根据每一个国家具体的历史和现状等情况来灵活确定其最所应该采取的方式，其次，民主的前提条件并不能从民主的概念中自发产生，而是需要人们来创造的，这种创造依靠空降或强加等外在的方式是不能实现的，因为这自身就遏制了科学探究的自由，科学探究的自由要求在对现实条件的客观分析、在平等自愿的合作的基础上来寻找答案，任何强加都是对这种自由的破坏。

但是，这并不否认胡克的自由观念对于我们解决现代自由主义所陷入的危机具有重要的启发意义，在应对伯林对传统自由体系的解构、社群主义对自由主义的批判中，在后伯林、后社群主义的时代建构一种能够维持的自由主义观念具有重要的启迪。本书要指出的是，尽管胡克的自由观念的逻辑有其一定的合理性，但是，在其具体运用中，如果脱离科学探究的方法，那么就会走向其背反，这正是胡克的悲剧所在，这也是那些信守胡克的自由观念的新保守主义失误之处。

当然，胡克的自由观念自身的理论漏洞也是显然的，但是无论是其理论上的漏洞还是实践上的失误，主要责任不在于胡克的自由观念自身，而在于他没有将这种观念贯彻到底，这种不彻底性导致他的理论成为新保守主义左翼的一个重要来源。此外，限于西方思维局限性，胡克的民主意识依然停留于“民主 - 投票”平面化的简单模式，看不到一种融合民主与集中、分层与合作于一体立体式的更高类型的民主模式，这也是他误解社会主义中国的原因之一。但是胡克终究清楚看到一个事实：唯有运用科学探究的思维、方法和工具，才能获得自由，没有一个民主开放的社会环境，就不可能进行科学探究，而唯有社会主义才为民主、科学和自由奠定社会基础和经济基础，只有社会主义社会才能实现自由。

本书所从事的对胡克自由观念体系的探究，据可以考察的资料来说，目前在国内外尚无先例。本书不仅梳理出了胡克自由观念的内在逻辑和形成演进过程，而且把它纳入到自由观念史的家族中，从而彰显出其地位和意义。这不仅有助于丰富我们对自由观念以及实用主义自由观念的理解，而且对于我们进一步发展和完善自由观念，提供了一个新的启发维度，因为胡克的自由观念和马克思的自由观念一样，不是站在传统的主客分离的二元论的基础上，而是建立在主客统一的实践的一元论的基石上，在这种视角中，胡克进而用实用主义地诠释了马克思的自由思想，这种诠释，无论我们是否接受，它在实际上都实实在在地参与塑造了许多西方人士对马克思自由观念的理解。

限于篇幅，本书在许多问题上都没有充分展开，对有些问题也没有深入研究，特别是对胡克的自由观念与杜威自由观念之间的区别、胡克对马克思的解读的可靠性、胡克的自由观念与现代的一些哲学家如罗尔斯、哈贝马斯之间的比较和融合等许多问题都不曾深入研究，这些有待在以后的研究中来完成。

本书主旨在于梳理出胡克的自由观念体系，由于学力不足，资料有限等诸多原因，本书只能算是一个研究的开始，存在的问题还很多，权当抛砖引玉。如果本书有什么学术贡献的话，那就是它试图证明：胡克拥有一个成熟的自由观念，这个观念是值得我们探究的。

主要参考文献

悉尼·胡克. 自由的矛盾情况 [M]. 何光来译，上海：上海人民出版社，1964：1—142.

悉尼·胡克. 对卡尔·马克思的理解 [M]. 徐崇温译，重庆：重庆出版社，1989：62—260.

悉尼·胡克. 历史中的英雄 [M]. 王清彬等译，上海：上海人民出版社，1964：40—186.

悉尼·胡克. 理性、社会神话和民主 [M]. 金克、徐崇温译，上海：上海人民出版社，1965：1—296.

悉尼·胡克. 马克思和马克思主义者：含糊的遗产 [M].《哲学研究》编辑部编，北京：商务印书馆，1965：1—105.

刘放桐. 实用主义述评 [M]. 天津：天津人民出版社，1983：1—265.

刘放桐. 现代西方哲学述评 [M]. 北京：人民出版社，1985：1—342.

杨文极. 实用主义新论 [M]. 西安：陕西人民教育出版社，1990：96—567.

涂纪亮．美国哲学史［M］．石家庄：河北教育出版社，2002：51—112.

王守昌，苏玉昆．现代美国哲学［M］．北京：人民出版社，1990：29—102.

涂纪亮．从古典实用主义到新实用主义：实用主义基本观念的演变［M］．北京：人民出版社，2006：1—554.

刘放桐等．新编现代西方哲学［M］．北京：人民出版社，2000：175—–218.

现代外国资产阶级哲学资料选辑－现代美国哲学［M］．北京：商务印书馆，1963：236—340.

钱广华、岳介先．现代西方哲学评析［M］．合肥：安徽大学出版社，1996：1—591.

陈亚军．从皮尔士到普特南［M］．长沙：湖南教育出版社，1999：1—331.

金炳华．哲学大辞典（修订版）［M］．上海：上海辞书出版社，2001：542，1340，2072.

俞吾金．意识形态论［M］．上海：上海人民出版社，1993：1—38.

俞吾金．二十世纪哲学经典文本（英美哲学卷）［M］．上海：复旦大学出版社，1999：1—85.

顾肃．自由主义基本理念［M］．北京：中央编译出版社，2003：13-180.

钱满素．美国自由主义的历史变迁［M］．北京：三联书店，2006：64—270.

江宜桦．自由民主的理路［M］．北京：新星出版社，2006：18—246.

安东尼·阿巴拉斯特．西方自由主义的兴衰［M］．长春：吉林人民出版社，2002：3—120.

马克思．1844年经济学哲学手稿［M］．北京：人民出版社，1985：1—137.

恩格斯．路德维希·费尔巴哈和德国古典哲学的终结［M］．北京：人民出版社，1972：1—72.

以赛亚·伯林．自由论［M］．胡传胜译，上海：译林出版社，2003：186—246.

菲利普·方纳．杰斐逊文选［M］．北京：商务印书馆，1963：3—97.

陈刚．马克思的自由观［M］．郑州：河南人民出版社，1996：1—326.

应奇．从自由主义到后自由主义［M］．北京：三联书店，2003：17—134.

李宏．另一种选择：欧洲民主社会主义研究［M］．北京：法律出版社，2003：23—214.

陈怡．经验与民主：杜威政治哲学基础研究［M］．上海：复旦大学出版社，2002：29—126.

杜威．民主主义和教育［M］．北京：人民教育出版社，1990：378—393.

孙有中．新旧个人主义——杜威文选［M］．上海：上海社会科学院出版社，1997：1—56.

杜威．经验与自然［M］．傅统先译，北京：商务印书馆，1960：35—240.

罗伯特·达尔．论民主［M］．北京：商务印书馆，1999：15—80.

顾肃．西方政治法律思想史［M］．南京：南京大学出版社，1994：39—180.

陈亚军．哲学的改造——从实用主义到新实用主义［M］．北京：中国社会科学出版社，1998：1—221.

何信全．哈耶克自由理论研究［M］．北京：北京大学出版社，2004：40—76.

Sidney Hook. The Metaphysics of Pragmatism［M］. Chicago：Open Court Pub. Co.，1927：1-144.

Sidney Hook. Towards the Understanding of Karl Marx，a Revolutionary Interpretation［M］. New York：John Day Co.，1933：1-288.

Sidney Hook. The Quest For Being and other studies in Naturalism and Humanism［M］. New York：St Martin's Press，1961：1-254.

Sidney Hook. Paradoxes of Freedom［M］. Buffalo，New York：Prometheus Books，1987：1-152.

Sidney Hook. Revolution，Reform，and Social Justice；studies in the theory and practice of Marxism［M］. New York：New York University Press，1975：1-307.

Sidney Hook. The Hero in History：A Study in Limitation and Possibility［M］. New Brunswick（U.S.A）and London（U.K）：Transaction Publishers，1992：1-187.

Sidney Hook. From Hegel to Marx：Studies in the Intellectual Development of Karl Marx［M］. New York：The Humanities Press，1936：1-335.

SidneyHook. Convictions［M］. Buffalo，NewYork：Prometheus Books，1990：1-310.

Sidney Hook. Reason，Social Myths and Democracy［M］. New York：The Humanities Press，1940：1-302.

Sidney Hook. Out Of Step：A Unquiet Life in the 20th Century［M］. New York：Happer&Row，Publishers，1987：4-605.

Sidney Hook. John Dewey: An Intellectual Portrait [M] . New York: John Day Co., 1939.

Sidney Hook. Marxism and Beyond [M] . Totowa. New Jersey: Rowman and Littlefield, 1983.

Sidney Hook. John Dewey: Philosopher of Science and Freedom [M] . New York: Dial Press, 1950.

Sidney Hook. Political Power and Personal Freedom [M] . New York: Criterion Books, 1959.

Paul Kurtz. Sidney Hook Philosopher of Democracy and Humanism [M] . Buffalo, New York: PROMETHEUS BOOKS, 1983: 1-360.

Christopher Phelps. Young Sidney hook: Marxism and Pragmatist [M] . Ithaca and London: Cornell university press, 1997: 1-257.

Robert B. Talisse & Robert Tempio. Sidney Hook on Pragmatism, Democracy, and Freedom: the essential essays [M] . New York: Prometheus Books, 2002: 1-456.

Edward S Shapiro. Letters of Sidney Hook: Democracy, Communism and the Cold War [M] . Armonk. New York: M., E. Sharpe, Inc, 1995: 1-397.

Matthew Cotter. Sidney Hook Reconsidered [M] . New York: Prometheus Books, 2004: 1-392.

Robert Basil Talisse. On the Barricades: Religion and Free Inquiry in Conflict [M] . New York: Prometheus books, 1989: 1-300.

后　记

一转眼，博士毕业 10 年，而恩师俞吾金教授竟已驾鹤三载！

本书源于我的博士论文，而我之所以会到复旦大学写博士论文，则缘于 1993 年狮城舌战，那场舌战不仅让我领略到哲学之美妙，更让我记住了那位博学而机敏、温润而笃厚的总教头俞吾金教授。2003 年，当百无聊赖的我打算报考博士的时候，我便毫不犹豫地报考俞吾金教授，从而结下这段师生之缘。

来复旦之前，我已经从同学那里耳闻“复旦六君子”的掌故，但是，俞老师给我的印象却总是那么温良恭俭让，很难把他和当年的“复旦六君子”形象统一起来。记得在复旦读书之前，我有逢午必睡的习惯，但是在复旦，这成为一种奢侈。更没有想到的是，俞老师的课恰恰排在下午第一二节，我们师生一堂，围坐在会议室里，俞老师侃侃而谈，尽管我恭恭敬敬地坐在他的旁边，尽管他讲得非常非常得精彩，可是我还是时不时可耻地打起了瞌睡，我不知道俞老师看见了没有，但是我知道他从来没有因此批评过我。

可是有一次，我领略到了俞老师的“金刚怒目”。大概是 2006 年底，当时我博士论文已经写好，却没有申请答辩。我借口论文没有修改好，真实原因则是我的研究对象胡克，在50、60年代批判实用主义的大潮中，曾经受过国人批判，因此有好心的老先生劝我不要写他，免招麻烦。我顾虑重重，犹豫不决。一天，方刚老师到编辑部，告诉我俞老师在安徽大学开会，让我去见他。当俞老师终于从我期期艾艾的言语中，明白我迟迟不申请答辩的真实原因之后，他突然很生气，很大声地说："如果连一点学术的勇气都没有，还研究学问干什么。"此情此景，此语此心，虽十余年来，不曾褪色半分，终身不忘。我想，也许直到那时，我才真正开始学习哲学。

俞老师，10年啦，当我打开这篇论文，老师音容宛在，我仿佛又看见当我向他汇报选题思路的时候，他一点一滴地帮我分析，从主题到结构到资料，无一遗漏；仿佛又看见他坐在书房的电脑前，耐心地教我如何搜索资料，探讨如何提炼论文的框架。字里行间，仿佛又看见他密密麻麻地圈圈和改改。由于不善言辞，我几乎从不主动给他打电话，也不主动向他汇报论文，倒是他，却要常常打电话给我，催要文稿，追问论文进展，指导我修正论文。有时候，我常常想：俞老师那么忙，既要"铁肩担道义，妙手著文章"，还要指导那么多的本科生硕士生博士生博士后，他是神吗？

俞老师当然不是神，但是神在他的胸中。这个神是什么呢？我终于在他的墓地，找到了这个神：哲学需要的不是三心二意的追随者，而是普罗米修斯式的献身者。

谨以此书献给恩师俞吾金教授，献给俞老师墓前的神！